OS CHAKRAS

CHAKRA CORONÁRIO

OS CHAKRAS

OU

OS CENTROS MAGNÉTICOS VITAIS DO SER HUMANO

REV. C. W. LEADBEATER

Tradução de
J. GERVÁSIO DE FIGUEIREDO

Editora
Pensamento
SÃO PAULO

Título original: *The Chakras*.

Edição original de The Theosophical Publishing House Adyar, Madras — Índia.

Copyright da edição brasileira © 1960 Editora Pensamento-Cultrix Ltda.

1ª edição 1960 (catalogação na fonte 2006).

32ª reimpressão 2024.

Capa de PEDRO GAMBAROTO.

Todos os direitos reservados. Nenhuma parte deste livro pode ser reproduzida ou usada de qualquer forma ou por qualquer meio, eletrônico ou mecânico, inclusive fotocópias, gravações ou sistema de armazenamento em banco de dados, sem permissão por escrito, exceto nos casos de trechos curtos citados em resenhas críticas ou artigos de revistas.

Dados Internacionais de Catalogação na Publicação (CIP)
(Câmara Brasileira do Livro, SP, Brasil)

Leadbeater, C. W., 1854-1934.
    Os chakras ou os centros magnéticos vitais do ser humano / C. W. Leadbeater ; tradução de J. Gervásio de Figueiredo. -- São Paulo : Pensamento, 2006.

Título original: The Chakras.
23ª reimpr. da 1ª ed. de 1960.
ISBN 978-85-315-0088-6

1. Chacras (Teosofia) 2. Espiritualidade 3. Medicina alternativa 4. Teosofia I. Título.

06-8275   CDD-299.934

Índices para catálogo sistemático:
1. Chacras : Teosofia : Religião 299.934

Direitos reservados
EDITORA PENSAMENTO-CULTRIX LTDA.
Rua Dr. Mário Vicente, 368 – 04270-000 – São Paulo, SP – Fone: (11) 2066-9000
E-mail: atendimento@editorapensamento.com.br
http://www.editorapensamento.com.br
Foi feito o depósito legal.

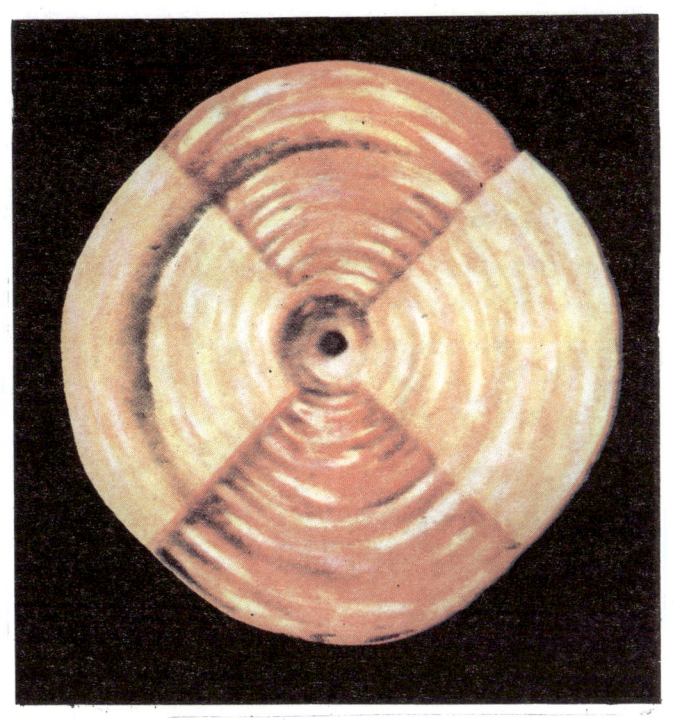

Prancha 1

CHAKRA RAIZ OU BÁSICO

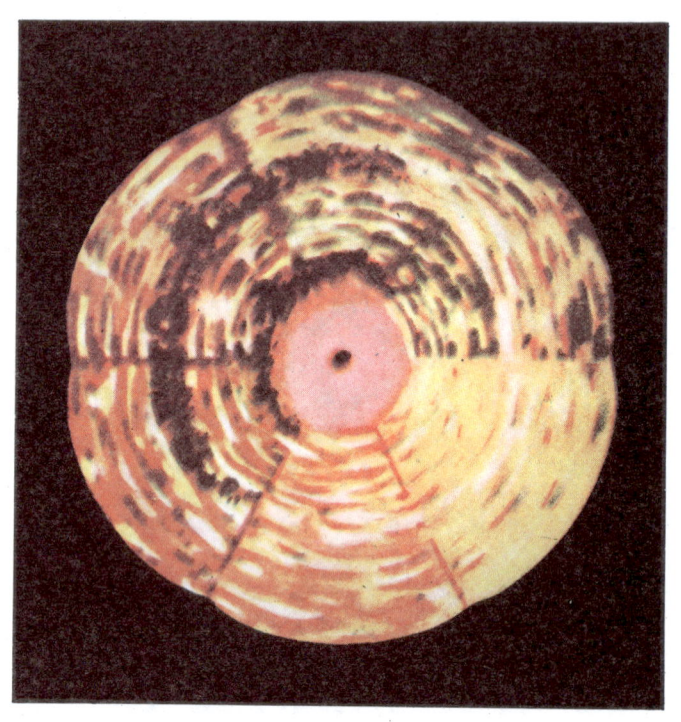

Prancha II

CHAKRA DO BAÇO

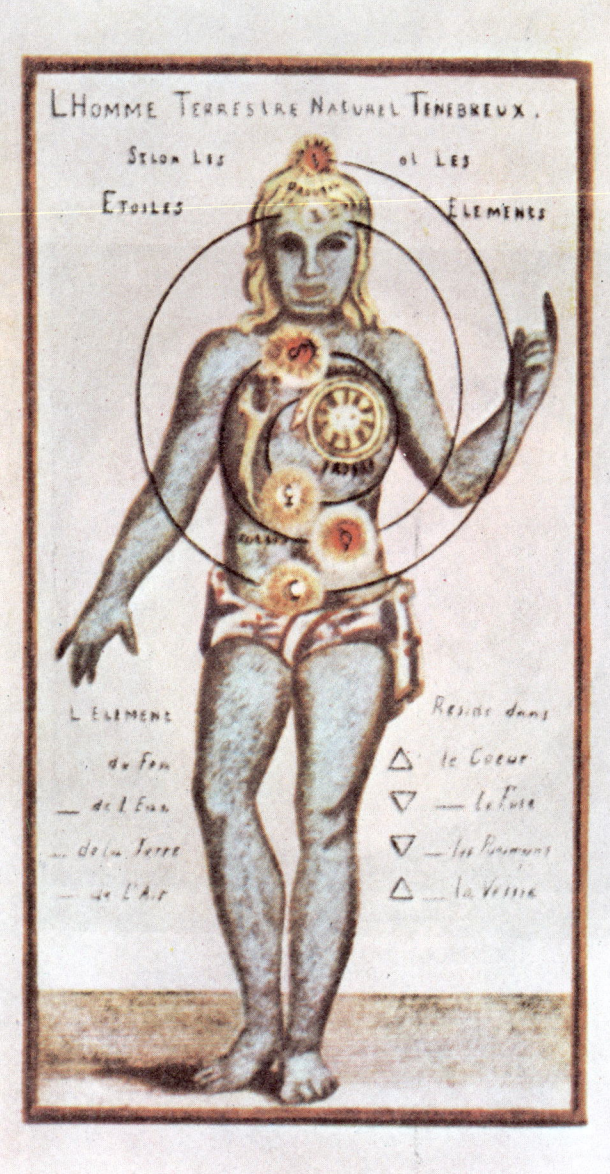

PRANCHA III

OS CHAKRAS, SEGUNDO GICHTEL

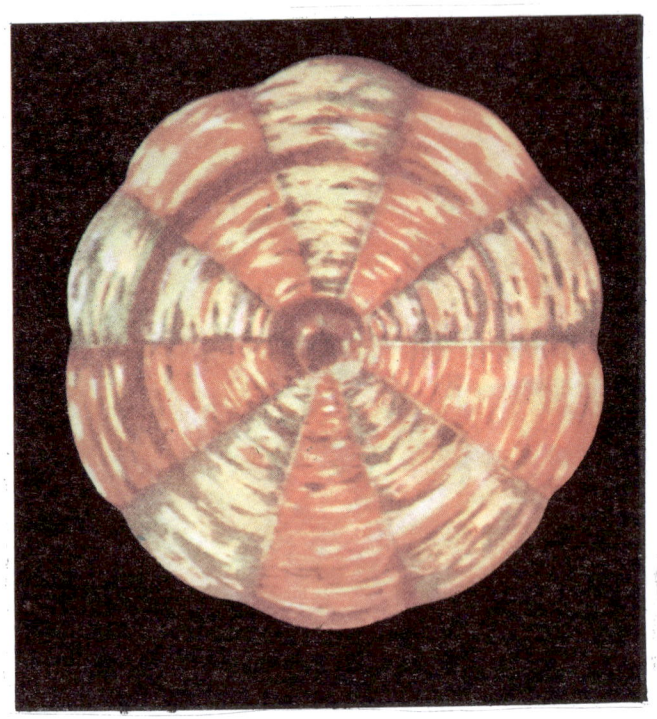

Prancha IV

CHAKRA DO UMBIGO

Prancha V

CHAKRA DO CORAÇÃO

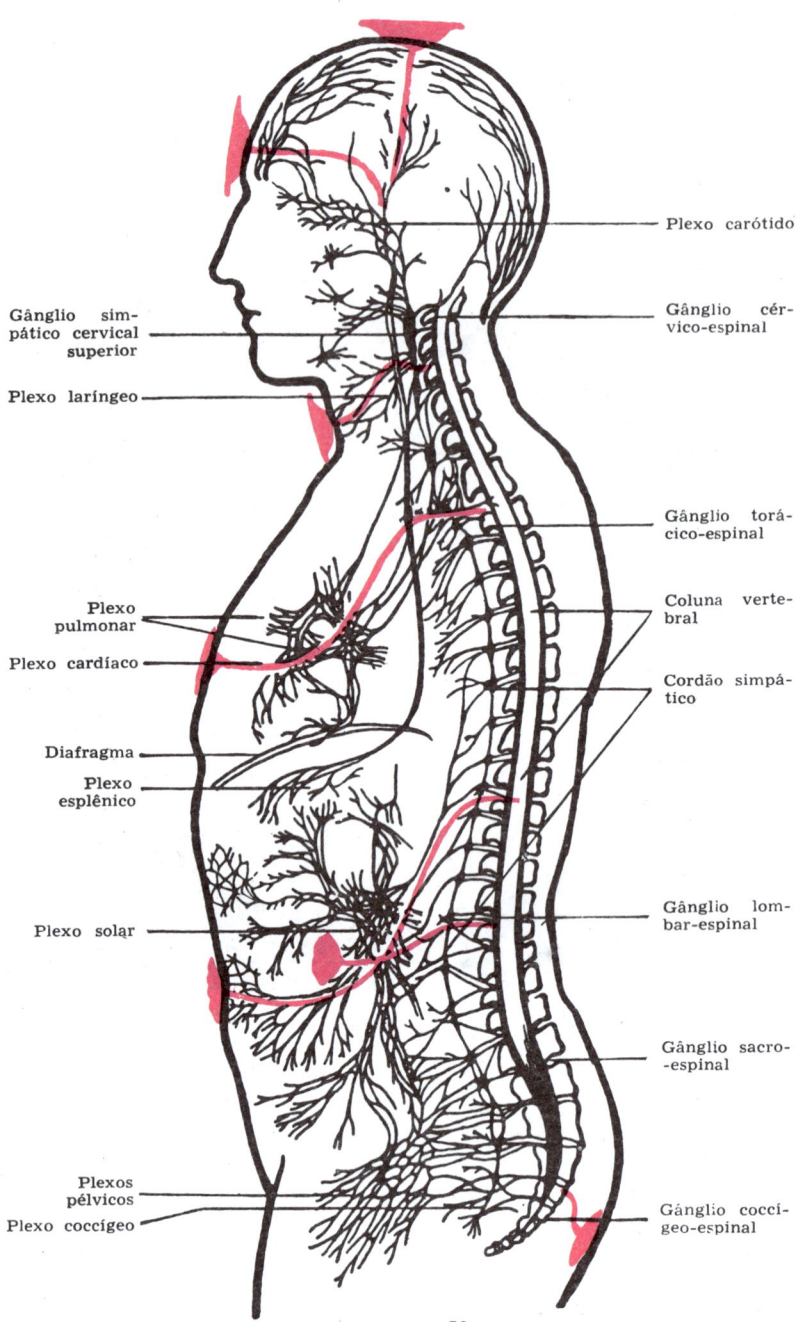

PRANCHA VI

OS CHAKRAS E O SISTEMA NERVOSO

Prancha VII

CHAKRA LARÍNGEO

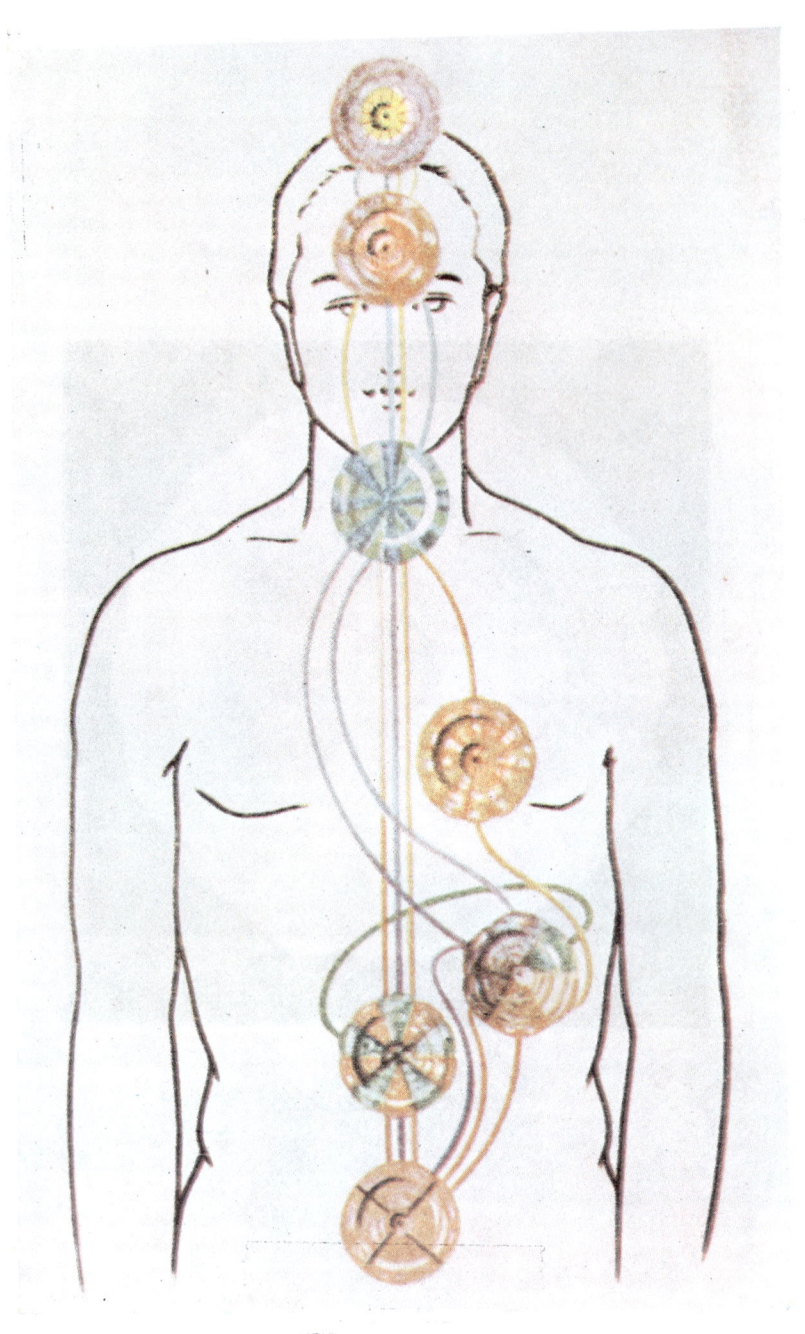

Prancha VIII

AS CORRENTES DE VITALIDADE

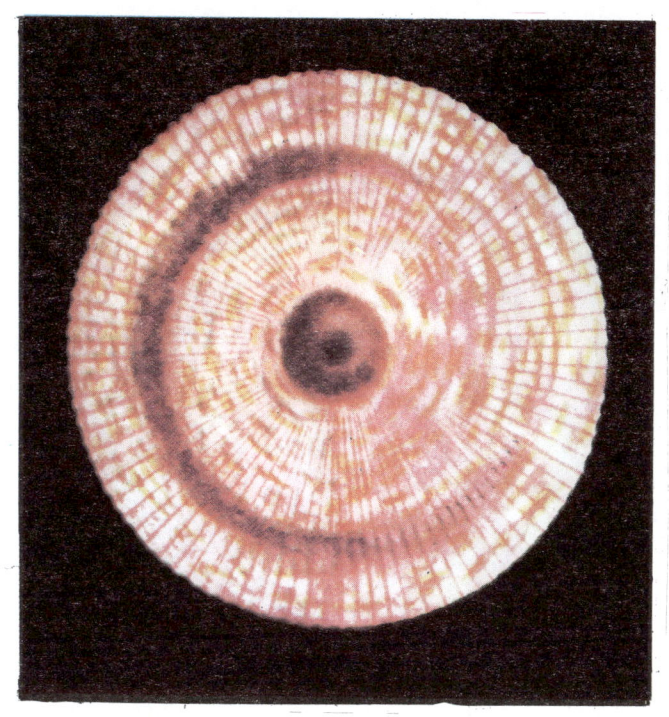

Prancha IX

CHAKRA FRONTAL

ÍNDICE

PREFÁCIO   21

CAPÍTULO I — OS CENTROS DE FORÇA   25

Significado da palavra. Explicações preliminares. O duplo etérico. Os centros. Forma dos vórtices. As pranchas. O chakra fundamental. O chakra esplênico. O chakra umbilical. O chakra cardíaco. O chakra laríngeo. O chakra frontal. O chakra coronário. Outros dados referentes aos chakras.

CAPÍTULO II — AS ENERGIAS   45

A energia primária ou energia da vida. O fogo serpentino. Os três condutos espinais. Casamento das energias. O sistema simpático. Os gânglios espinais. Vitalidade. O glóbulo de vitalidade. Provisão de glóbulos. Energias psíquicas.

CAPÍTULO III — A ABSORÇÃO DE VITALIDADE   72

O glóbulo de vitalidade. Os raios. Os cinco *vayus* prânicos. Vitalidade e saúde. Os átomos descarregados. Vitalidade e magnetismo.

CAPÍTULO IV — DESENVOLVIMENTO DOS CHAKRAS   90

Funções dos chakras despertos. Chakras astrais. Sentidos astrais. Despertar do *kundalini*. Despertar dos chakras etéricos. Clarividência eventual. Perigo da atualização prematura. Experiência pessoal. A tela etérica. Os efeitos do álcool e narcóticos. Efeitos do tabaco. Abertura das portas.

Capítulo V — A LAYA-IOGA   111

Os livros hindus. Série hindu dos chakras. As figuras dos chakras. O chakra cardíaco. As pétalas e as letras. Os Mandalas. Os Yantras. Os animais. As divindades. Os nós. O lótus secundário do coração. Efeitos da meditação. O *kundalini*. Atualização do *kundalini*. Ascensão do *kundalini*. O objetivo do *kundalini*.

Conclusão   137

ÍNDICE DE ILUSTRAÇÕES

Frontispício — Chakra coronário

PRANCHA

I. Chakra raiz ou básico
II. Chakra do baço
III. Os chakras, segundo Gichtel
IV. Chakra do umbigo
V. Chakra do coração
VI. Os chakras e o sistema nervoso
VII. Chakra laríngeo
VIII. As correntes de vitalidade
IX. Chakra frontal

FIGURAS

1. Os chakras   29
2. Representações do chakra coronário   40
3 As três emanações ou ondas de vida   51

4.	Os condutos espinais	54
5.	Configuração das energias	57
6.	Forma das energias combinadas	58
7.	Átomo físico ultérrimo	64
8.	Constituição do oxigênio	80
9.	Corpo pituitário e glândula pineal	92
10.	Diagrama hindu do chakra cardíaco	117

TABELAS

1.	Os Chakras	30
2.	Os Chakras e os Plexos	61
3.	A Vitalidade e os princípios humanos	78
4.	Os cinco *vayus* prânicos	79
5.	Cores das pétalas	113
6.	Alfabeto sânscrito	118
7.	Formas simbólicas dos elementos	121

PREFÁCIO

Quando um homem começa a aguçar os sentidos, que então lhe permitem perceber algo mais do que os outros percebem, desdobra-se diante dele um mundo novo e fascinante. Os chakras são as primeiras coisas desse novo mundo que lhe chamam a atenção. As pessoas se lhe apresentam sob um novo aspecto, nelas descobrindo muita coisa que antes permanecia oculta à sua vista; e portanto, é capaz de compreender, apreciar e, nos casos necessários, auxiliar o próximo muito melhor do que lhe era possível antes. Os pensamentos e emoções das pessoas surgem a seus olhos com toda a clareza de forma e cor, e o grau de sua evolução e as condições de sua saúde são para ele evidentes em vez de conjcturáveis. O brilhante colorido e o rápido e incessante movimento dos chakras colocam as pessoas sob a imediata observação do investigador, que naturalmente deseja conhecer o que são e que significam.

O objetivo desta monografia é elucidar esse ponto e dar àqueles que não têm tentado desenvolver suas faculdades latentes, uma idéia desta pequena parte do que seus irmãos mais felizes vêem e, na medida do possível, compreendem.

A fim de evitar desde já qualquer mal-entendido, convém não perder de vista que nada há de fantástico, nem contra a natureza, quando à potência visual que capacita alguns para perceber mais que outros, pois consiste simplesmente numa extensão das faculdades com que estamos familiarizados, e aquele que atin-

ge essa extensão pode perceber vibrações mais rápidas que aquelas a que os sentidos físicos estão normalmente habituados a responder.

No transcurso da evolução e a seu devido tempo todos ampliarão suas faculdades ordinárias, mas há aqueles que se deram ao trabalho de aguçá-las antes que os demais, à custa de um labor muito mais árduo do que a generalidade das pessoas quereria empreender.

Bem sei que ainda há muitíssimas pessoas tão atrasadas a respeito da marcha do mundo, que negam tal amplitude de faculdades, exatamente como há aldeões que nunca viram uma locomotiva, ou selvagens da África Central que não crêem na solidificação da água.

Faltam-me tempo e espaço para argüir contra tão invencível ignorância, e restrinjo-me a recomendar minha obra, Clarividência, e outras de diferentes autores que tratam do mesmo assunto, a todos os que o desejarem investigar. A Clarividência tem sido comprovada centenas de vezes, e não pode duvidar dela quem seja capaz de ponderar o valor das provas.

Muito se tem escrito sobre os chakras, mas tudo isso em sânscrito ou nalgum dos vários idiomas vernáculos da Índia, e até mui recentemente não se havia publicado nada sobre eles em inglês. Mencionei-os pelo ano de 1910 em A Vida Interna, e depois disso apareceu a magnífica obra The Serpent Power, de sir John Woodroffe, e traduziram-se alguns tratados hindus. Em The Serpent Power reproduzem-se os desenhos simbólicos dos chakras usados pelos iogues hindus; mas tanto quanto alcanço, as ilustrações que exornam esta monografia são a primeira tentativa para representar os chakras tal como efetivamente aparecem ante os olhos daqueles que os podem ver.

Na verdade, moveu-me principalmente a escrever esta monografia o desejo de mostrar os formosíssimos desenhos traçados por meu amigo Rev. Edward Warner, a quem manifesto o muitíssimo que devo pelo tempo e trabalho empregados em tal tarefa.

Também me cabe agradecer ao meu infatigável colaborador, professor Ernest Wood, a compilação e cotejo dos valiosos informes que, a respeito das opiniões dominantes na Índia sobre o nosso assunto, contém o capítulo V, segundo verá o leitor.

Como me achava atarefado noutra obra, minha primeira intenção foi limitar-me a colecionar e reimprimir tudo quanto desde muito tempo atrás havia eu escrito sobre os chakras, e dá-lo como texto explicativo das ilustrações. Mas ao repassar os artigos, ocorreram-me algumas observações, e alguma investigação me fez conhecer pontos adicionais que inseri devidamente. Um dos mais interessantes é que no ano de 1895 a doutora Annie Besant observou a vitalidade do globo e o anel kundalini, e os catalogou como hiperm taproto elementos, ainda que então não houvesse sido bastante extensa a investigação para descobrir a relação de ambos os elementos entre si e o papel importante que desempenham na economia da vida humana.

C. W. L.

CAPÍTULO I

OS CENTROS DE FORÇA

SIGNIFICADO DA PALAVRA

A palavra *chakra* é sânscrita, e significa *roda*. Também se usam várias acepções figuradas, incidentais e por extensão, como nas línguas ocidentais. Da mesma forma como falamos da roda do destino ou da fortuna, assim também os budistas falam da roda da vida e da morte, e designam com o nome de *Dhammachakkappavattana Sutta*([1]) ao primeiro sermão em que o Senhor Buda pregou a Sua doutrina, nome esse que o professor Rhys Davids traduz poeticamente pela expressão: "por em marcha as rodas da régia carroça do Reino da justiça". Este é o exato significado da expressão para o budista devoto, ainda que a tradução literal das palavras seja "o giro da roda da Lei". O uso em acepção figurada da palavra chakra, de que tratamos neste momento, refere-se a uma série de vórtices semelhantes a rodas que existem na superfície do duplo etérico do homem.

EXPLICAÇÕES PRELIMINARES

Como possivelmente este livro cairá em mãos de pessoas não familiarizadas com a terminologia teosófica, não será demais uma explicação preliminar.

---

(1) *Chakka* é o equivalente páli do sânscrito *chakra*.

Nas conversações comuns e superficiais, o homem costuma falar de sua alma como se o corpo, por intermédio do qual ele fala, fosse o seu verdadeiro ser, e que a alma, uma propriedade ou feudo do corpo, algo semelhante a um globo cativo a flutuar sobre o corpo, a ele ligado de certo modo. Esta afirmação é vaga, inexata e errônea, pois a inversa é que é verdadeira. O homem *é* uma alma que possui um corpo, ou em realidade vários corpos, porque além do corpo visível, por cujo meio desenvolve seus negócios neste baixo mundo, tem outros corpos invisíveis à visão ordinária, com os quais se relaciona com os mundos emocional e mental. Contudo, por ora não trataremos desses outros corpos.

Durante o século passado houve um enorme avanço no conhecimento dos pormenores do corpo físico; e os fisiólogos estão agora familiarizados com as suas desconcertantes complexidades e têm, pelo menos, uma idéia geral de como funciona seu mecanismo assombrosamente intrincado.

O DUPLO ETÉRICO

Os fisiólogos têm limitado sua atenção à parte do corpo físico bastante densa para que a vejam os olhos, e a maioria deles desconhece provavelmente a existência daquele grau de matéria, também física, ainda que invisível, a que em Teosofia chamamos etérica.[1] Esta parte invisível do corpo físico é de suma importância para nós, porque é o veículo pelo qual fluem as correntes vitais que mantêm vivo o corpo, e serve de ponte para transferir as ondulações do pensamento

---

[1] Não se deve confundir este grau superior de matéria física com o verdadeiro éter no espaço, do qual a matéria é negação.

e a emoção do corpo astral ao corpo físico denso. Sem tal ponte intermediária não poderia o ego utilizar as células de seu cérebro. O clarividente o vê como uma distinta massa de neblina gris-violeta debilmente luminosa, que interpenetra a parte densa do corpo físico e se estende um pouco mais além deste.

A vida do corpo físico muda incessantemente, e para viver necessita de contínua alimentação de três fontes distintas. Precisa de comida para a digestão, de ar para a respiração e de três modalidades de vitalidade para a assimilação. Esta vitalidade é essencialmente uma força, mas quando está revestida de matéria parece-nos um elemento químico sumamente refinado. Existe essa força ou energia em todos os planos embora no momento, e para atender ao objetivo que nos ocupa, só consideraremos a sua manifestação e expressão no plano físico.

Para melhor compreensão de tudo isto, convém conhecer algo da constituição e ordem da parte etérica de nosso corpo. Há muitos anos tratei deste assunto em diversas obras, e o comandante Powell coligiu recentemente tudo quanto se tem escrito até agora sobre esse particular, publicando-o em seu livro *O Duplo Etérico*([1]).

OS CENTROS

Os chakras, ou centros de força, são pontos de conexão ou enlace pelos quais flui a energia de um a outro veículo ou corpo do homem. Quem quer que possua um ligeiro grau de clarividência, pode vê-los facilmente no duplo etérico, em cuja superfície aparecem sob forma de depressões semelhantes a pratinhos

---

([1]) Já traduzido para o português. (N. do T.)

ou vórtices. Quando já totalmente desenvolvidos, assemelham-se a círculos de uns cinco centímetros de diâmetro, que brilham mortiçamente no homem vulgar, mas que, ao se excitarem vividamente, aumentam de tamanho e se vêem como refulgentes e coruscantes torvelinhos à maneira de diminutos sóis. Às vezes falamos destes centros como se toscamente se correspondessem com determinados órgãos físicos; mas em realidade estão na superfície do duplo etérico, que se projeta ligeiramente mais além do corpo denso.

Se olharmos diretamente para baixo da corola de uma convolvulácea, teremos uma idéia do aspecto geral do chakra.

O pecíolo da flor brota de um ponto do pedúnculo, de modo que segundo outro símile (prancha VIII), a espinha dorsal se assemelharia a um talo central, do qual de trecho em trecho brotam as flores com suas corolas na superfície do corpo etérico.

A figura representa os sete centros de que tratamos e a Tabela 1 dá os seus nomes em sânscrito e português.

Todas estas rodas giram incessantemente, e pelo cubo ou boca aberta de cada uma delas flui continuadamente a energia do mundo superior, a manifestação da corrente vital dimanante do Segundo Aspecto do Logos Solar, a que chamamos energia primária, de natureza sétupla, cujas modalidades, *in totum* agem sobre cada chakra, ainda que com particular predomínio de uma delas, segundo o chakra. Sem esse influxo de energia não existiria o corpo físico.

Portanto, os centros ou chakras atuam em todo ser humano, ainda que nas pessoas pouco evoluídas é tardo o seu movimento, o estritamente necessário

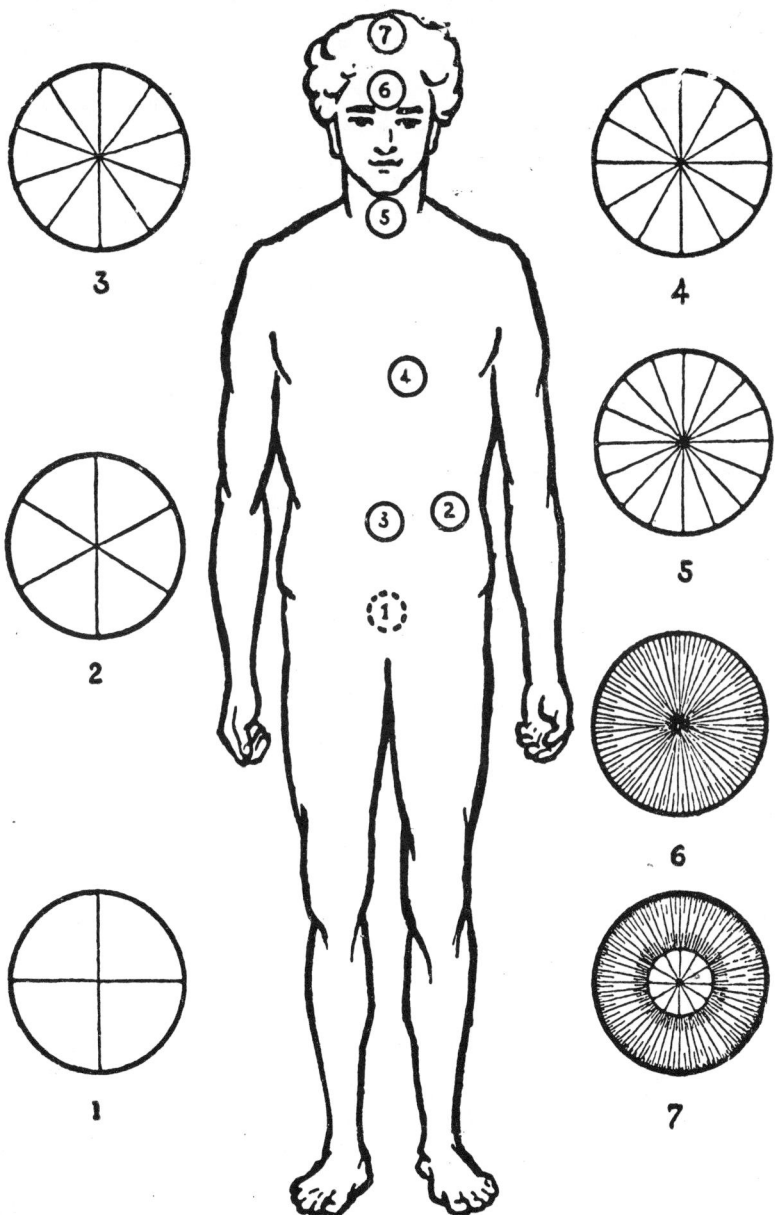

Fig. 1 — Os chakras

SITUAÇÃO	NOME SÂNSCRITO	NOME PORTUGUÊS
Na base da espinha dorsal	Muladhara	Chakra raiz ou básico
	(1)	Chakra do baço
No umbigo, sobre o plexo solar	Manipura	Chakra do umbigo
Sobre o coração	Anahata	Chakra do coração
Na frente da garganta	Vishuddha	Chakra laríngeo
Entre as sobrancelhas	Ajna	Chakra frontal
No alto da cabeça	Sahasrara	Chakra coronário

TABELA 1 — OS CHAKRAS

para formar o vórtice adequado ao influxo de energia. No homem bastante evoluído refulgem e palpitam com vívida luz, de maneira que por eles passa uma quantidade muitíssimo maior de energia, e o indivíduo obtém como resultado o acréscimo de suas potências e faculdades.

---

(1) O chakra do baço não está indicado nos livros da Índia, e em seu lugar aparece um centro chamado *Swadhisthana*, situado na vizinhança dos órgãos genitais ao qual se assinalam as mesmas seis pétalas. Em nosso entender o despertamento deste centro deve considerar-se como uma desgraça pelos graves perigos com ele relacionados. No plano egípcio de desenvolvimento se tomavam esquisitas precauções para evitar tal despertamento. (Veja-se *A Vida Oculta da Maçonaria* de C. W. Leadbeater, Ed. Pensamento, São Paulo, 1956.)

FORMA DOS VÓRTICES

A divina energia, que do exterior se derrama em cada centro, determina na superfície do corpo etérico, e em ângulo reto com a sua própria direção, energias secundárias em movimento circular ondulatório, da mesma forma que uma barra imantada introduzida numa bobina de indução provoca uma corrente elétrica que flui ao redor da bobina em ângulo reto com a direção do ímã.

Depois de haver entrado no vórtice, a energia primária volta a irradiar de si mesma em ângulos retos, mas em linhas retas, como se o centro do vórtice fosse o cubo de uma roda e as radiações de energia primária os seus raios, que enlaçam à guisa de colchetes o duplo etérico com o corpo astral. O número de raios difere em cada um dos centros e determina o número de ondas ou pétalas que respectivamente exibem. Por isso os livros orientais costumam comparar poeticamente os chakras a flores.

Cada uma das energias secundárias que fluem ao redor da depressão semelhante a um pratinho, tem sua peculiar longitude de onda e uma luz de determinada cor. Mas em vez de se mover em linha reta como a luz, move-se em ondas relativamente amplas de diversos tamanhos, sendo cada uma delas o múltiplo de menores ondulações que abrange. O número de ondulações está determinado pelo de raios da roda, e a energia secundária ondula por baixo e por cima das radiações da energia primária, à maneira de um trabalho em vime entretecido ao redor dos raios de uma roda de carruagem. As longitudes de onda são infinitesimais, e provavelmente cada ondulação as contém aos milhares.

Segundo fluem as energias ao redor do vórtice, as diferentes classes de ondulações se entrecruzam umas com as outras, como num trabalho em vime, e produzem uma forma semelhante à corola de convolvulácea a que antes me referi.

Contudo, os chakras ainda se parecem mais a uma galheta de ondulado cristal iridiscente como as que se fabricam em Veneza. Todas estas ondulações ou pétalas têm o acatassolado e trêmulo brilho da concha, ainda que geralmente cada uma delas ostente sua cor predominante, segundo o mostram as ilustrações. Este nacarino aspecto argêntico costuma ser comparado nos tratados sânscritos ao tremeluzir da lua na superfície das águas do mar.

AS PRANCHAS

As pranchas que exornam o texto representam os chakras tal como os percebe um clarividente muito evoluído e discreto que tenha já disciplinado suficientemente os seus para atuarem ordenadamente. Evidentemente, nem as cores das pranchas nem nenhuma cor deste mundo têm a suficiente luminosidade para igualar à do chakra respectivo; mas o desenho dá pelo menos uma idéia do verdadeiro aspecto destas rodas de luz.

Pelo já exposto se compreenderá que os centros diferem de tamanho e brilho segundo a pessoa, e ainda num mesmo indivíduo podem ser uns mais vigorosos que outros. Todos estão desenhados em tamanho natural, exceto o *sahasrara*, ou centro coronário, que foi conveniente ampliar-se para destacar sua assombrosa riqueza de pormenores.

No caso de um homem que se sobressai excelentemente nas qualidades expressas por meio de determinado centro, não só aparecerá em tamanho muito maior, mas especialmente radiante e emitindo fúlgidos raios de ouro. Exemplo disto nos oferece a precipitação que da aura de Stainton Moseyn fez a senhora Blavatsky, conservada no santuário da Sede Central da Sociedade Teosófica em Adyar, e reproduzida, embora muito imperfeitamente, na obra do coronel Olcott, *Old Diary Leaves*(¹).

Os chakras se dividem naturalmente em três grupos: inferior, médio e superior. Podem denominar-se, respectivamente, fisiológico, pessoal e espiritual.

Os chakras primeiro e segundo têm poucos raios ou petálas, e sua função é transferir para o corpo duas forças procedentes do plano físico. Uma delas é o fogo serpentino da terra, e a outra a vitalidade do sol. Os centros terceiro, quarto e quinto, que constituem o grupo médio, estão relacionados com forças que o ego recebe por meio da personalidade. O terceiro centro as transfere através da parte inferior do corpo astral; o quarto por meio da parte superior do mesmo corpo, e o quinto, pelo corpo mental. Todos estes centros, alimentam determinados gânglios nervosos do corpo denso. Os centros sexto e sétimo, independentes dos demais, estão, respectivamente, relacionados com o corpo pituitário e a glândula pineal, e somente se põem em ação quando o homem alcança certo grau de desenvolvimento espiritual.

Ouvi dizer que cada pétala dos chakras representa uma qualidade moral, cuja atualização põe o chakra em atividade. Por exemplo, segundo o upanichade de *Dhyanabindu*, as pétalas do chakra cardíaco

---

(1) Traduzida para o francês e espanhol com o título *História Autêntica da Sociedade Teosófica*. (N. do T.)

representam devoção, preguiça, cólera, pureza e outras qualidades análogas. De minha parte não observei ainda nada que comprove esta afirmação, e não se compreende facilmente como pode ser assim, porque as pétalas resultam da ação de certas forças claramente distinguíveis, e em cada chakra estão ou não ativas, segundo se tenham ou não atualizado essas forças. De modo que o desenvolvimento das pétalas não têm mais direta relação com a moralidade do indivíduo do que a que possa ter o robustecimento do bíceps. Observei pessoas de moralidade não muito alta, nas quais alguns chakras estavam plenamente ativos, enquanto que outras pessoas sumamente espirituais e de nobilíssima conduta os tinham escassamente vitalizados, pelo que me parece não haver necessária conexão entre ambos os desenvolvimentos.

No entanto, observam-se certos fenômenos em que bem poderia apoiar-se tão estranha idéia. Ainda que a semelhança com as pétalas esteja determinada pelas mesmas forças que giram ao redor do centro, alternativamente por cima e por baixo dos raios, diferem estes em caráter porque a força ou energia influente se subdivide em suas partes ou qualidades componentes; portanto, cada raio emite uma influência peculiar, mesmo débil, que afeta a energia secundária que por ele passa, e lhe altera um tanto o matiz. Vários destes matizes podem denotar uma modalidade da energia favorável ao desenvolvimento de uma qualidade moral; e depois de fortalecer esta qualidade, são mais intensas as vibrações correspondentes. Em conseqüência, a densidade menor ou maior do matiz denotará a posse em menor ou maior grau da respectiva qualidade.

O CHAKRA FUNDAMENTAL

O primeiro centro, o rádico ou fundamental (prancha I), situado na base da espinha dorsal, recebe uma energia primária que emite quatro raios. Portanto, dispõe suas ondulações de modo que pareçam divididas em quadrantes alternativamente vermelhos e alaranjados com vazios entre eles, resultando daí estarem como que assinalados com o sinal-da-cruz. Por isso se costuma empregar a cruz como símbolo deste centro, e uma cruz às vezes flamígera para indicar o fogo serpentino residente neste chakra.

Quando atua vigorosamente, é de ígnea cor vermelho-alaranjada, em íntima correspondência com o tipo de vitalidade que lhe transfere o chakra esplênico. Com efeito, observaremos, em cada chakra, correspondência análoga com a cor de sua vitalidade.

O CHAKRA ESPLÊNICO

O segundo chakra (prancha II) está situado no baço, e sua função é especializar, subdividir e difundir a vitalidade dimanante do sol. Esta vitalidade surge do chakra esplênico, subdividida em sete modalidades; seis correspondem aos seis raios do chakra, e a sétima fica concentrada no cubo da roda. Portanto, tem este chakra seis pétalas ou ondulações de diversas cores, e é muito radiante, pois fulge como um sol. Em cada uma das seis subdivisões da roda predomina a cor de uma das modalidades da energia vital. Estas cores são: vermelha, alaranjada, amarela, verde, azul e violácea; isto é, as mesmas cores do espectro solar menos o índigo ou anil.

O CHAKRA UMBILICAL

O terceiro chakra (prancha IV) está situado no umbigo, ou melhor diríamos, no plexo solar, e recebe a energia primária que se subdivide em dez radiações, de modo que vibra como se estivesse dividido em dez ondulações ou pétalas. Está intimamente relacionado com sentimentos e emoções de índole diversa. Sua cor predominante é uma curiosa combinação de vários matizes do vermelho, ainda que também contenha muito do verde. As divisões são alternativas e principalmente vermelhas e verdes.

O CHAKRA CARDÍACO

O quarto chakra (prancha V), situado no coração, é de brilhante cor de ouro, e cada um de seus quadrantes está dividido em três partes, pelo que tem doze ondulações, pois sua energia primária se subdivide em doze raios.

O CHAKRA LARÍNGEO

O quinto centro (prancha VII) está situado na garganta e tem dezesseis raios correspondentes a outras tantas modalidades da energia. Embora haja bastante do azul em sua cor, o tom predominante é o prateado brilhante, parecido com o fulgor da luz da lua quando roça o mar. Em seus raios predominam alternativamente o azul e o verde.

O CHAKRA FRONTAL

O sexto chakra (prancha IX), situado entre as sobrancelhas, parece dividido em duas metades; uma em que predomina a cor rosada, ainda que com muito do amarelo, e a outra em que sobressai uma espécie de azul-purpúreo. Ambas as cores se correspondem com as da vitalidade que o chakra recebe. Talvez por esta razão dizem os tratados orientais que este chakra só tem duas pétalas; mas se observarmos as ondulações análogas às dos chakras anteriores, veremos que cada metade está subdividida em quarenta e oito ondulações, ou seja, noventa e seis no total, porque este é o número das radiações da energia primária recebida pelo chakra.

O brusco salto de dezesseis para noventa e seis raios, e a ainda maior variação súbita de noventa e seis a novecentos e setenta e dois raios que tem o chakra coronário, demonstram que são chakras de uma ordem inteiramente distinta da ordem dos até agora considerados. Não conhecemos ainda todos os fatores que determinam o número de raios de um chakra; mas é evidente que representam modalidades da energia primária, e antes que possamos afirmar algo mais sobre esse particular, será necessário fazer centenas de observações e comparações, repetidamente comprovadas. Entretanto, não resta dúvida de que enquanto as necessidades da personalidade podem ser satisfeitas com limitados tipos de energia, nos superiores e permanentes princípios do homem encontramos uma tão complexa multiplicidade, que requer, para sua expressão, muito maiores e seletas modalidades de energia.

O CHAKRA CORONÁRIO

O sétimo chakra (veja-se o frontispício) no alto da cabeça, é o mais refulgente de todos, quando está em plena atividade, pois oferece abundância de indescritíveis efeitos cromáticos e vibra com quase inconcebivel rapidez. Parece conter todos os matizes do espectro, ainda que no conjunto predomine o violeta.

Os livros da Índia denominam-no "a flor de mil pétalas", e esta denominação não dista muito da verdade, pois são novecentas e sessenta as radiações da energia primária que recebe. Cada uma destas radiações aparece fielmente reproduzida na prancha do frontispício, embora seja muito difícil assinalar a separação das pétalas. Além disso, este chakra tem uma característica que não possuem os outros, que consiste numa espécie de subalterno torvelinho central, de um branco fulgurante e com o núcleo cor de ouro. Este vórtice subsidiário é menos ativo e tem doze ondulações próprias.

Geralmente, o chakra coronário é o último que se atualiza. No princípio não difere em tamanho dos demais; mas à medida que o homem se adianta na senda do aperfeiçoamento espiritual, vai aumentando pouco a pouco, até cobrir toda a parte superior da cabeça.

Outra particularidade acompanha o seu desenvolvimento. No princípio é, como todos os demais chakras, uma depressão do duplo etérico, pela qual penetra a divina energia procedente do exterior. Mas quando o homem se reconhece rei da divina luz e se mostra magnânimo com tudo que o rodeia, o chakra coronário reverte, por assim dizer, de dentro para fora, e já não é um canal receptor, mas um radiante foco de energia, não uma depressão, mas uma proeminência ereta sobre a cabeça como uma cúpula, como uma verdadeira coroa de glória.

As imagens pictóricas e esculturais das divindades e excelsas personagens do Oriente, costumam mostrar esta proeminência, como se vê na estátua do Senhor

Buda em Borobudur (ilha de Java) reproduzida na figura 2 (esquerda). Este é o método usual de representar a proeminência, e de tal forma aparece sobre a cabeça de milhares de imagens do Senhor Buda no mundo oriental.

Nalguns casos, dois terços deste chakra são representados em forma de abóbada, constituída pelas novecentas e sessenta pétalas, e em cima outra abóbada menor, constituída pelas doze radiações do vórtice subalterno. Assim aparece na cabeça à direita da figura 2, que é a da estátua ou imagem do Brama no Hokkaido de Todaiji de Nara (Japão), cuja antiguidade remonta ao ano 749. O tocado desta cabeça representa o chakra coronário com a grinalda de chamas que brotam dele, e é diferente da representação do mesmo chakra na cabeça da estátua de Buda.

Também se nota essa proeminência na simbologia cristã, como, por exemplo nas coroas dos vinte e quatro anciões, que as retiravam diante do trono do Senhor.

No homem muito evoluído, o chakra coronário fulgura com tanto esplendor, que cinge a sua cabeça como uma verdadeira coroa; e o significado da passagem da Apocalipse acima citada é que tudo quanto o homem conseguiu, o magnífico karma acumulado, toda a assombrosa energia espiritual que engendra, *tudo* deita perpetuamente aos pés do Logos, para que o empregue em Sua obra. Assim freqüentemente retira diante do trono do Senhor sua áurea coroa, porque continuamente restaura a energia proveniente de seu interior.

Fig. 2 — Representações do chakra coronário

OUTROS DADOS REFERENTES AOS CHAKRAS

Os Upanichades menores, os Puranas, as obras tântricas e algumas outras da bibliografia sânscrita, costumam descrever sete chakras, e hoje em dia os utilizam muitos iogues hindus. Um amigo meu, familiarizado com a vida íntima da Índia, me assegurou que existe nesse país uma escola que faz livre uso dos chakras e conta com 16 000 sócios, esparsos por um extenso território. Das fontes indianas de informação se obtêm dados mui valiosos referentes aos chakras, que procuraremos compendiar no último capítulo da presente monografia.

Também parece que alguns místicos europeus conheceram os chakras, segundo denota a obra *Teosofia Prática* do místico alemão Johann George Gichtel, discípulo de Jacob Boehme, que talvez tenha pertencido à sociedade secreta dos rosa-cruzes([1]). Essa

---

([1]) Com amável permissão do editor, reproduzimos da citada obra a prancha III.

obra foi publicada pela primeira vez em 1696, e diz-se que as ilustrações da edição de 1736, descritas no texto do volume, se estamparam em 1720, dez anos após a morte do autor, ocorrida em 1710. Não se deve confundir a obra citada com a coleção de cartas de Gichtel que tem o mesmo título de *Teosofia Prática*, pois o volume a que nos referimos não se acha em forma de cartas, mas na de seis capítulos concernentes à mística regeneração que era dogma tão importante entre os rosa-cruzes.

A prancha VII, que damos nesta monografia, é uma reprodução fotográfica do desenho intercalado na tradução francesa de *Teosofia Prática*, publicada em 1892 pela Biblioteca Chacornac de Paris, no volume número 7 da biblioteca Rosa-cruciana.

Gichtel nasceu no ano de 1638 em Ratisbona (Baviera). Estudou teologia e jurisprudência, e exerceu a advocacia; mas pouco depois, ao reconhecer seu interior mundo espiritual, renunciou a todo interesse mundano e iniciou um movimento místico cristão. Sua oposição à ignara ortodoxia de sua época lhe atraiu o ódio daqueles a quem combatia, pelo que, por volta do ano de 670, o desterraram do país e lhe confiscaram os bens. Por fim conseguiu refugiar-se na Holanda, onde permaneceu os quarenta anos restantes de sua vida.

Evidentemente considerava Gichtel de natureza secreta as figuras estampadas em sua obra *Teosofia Prática*, e as manteve reservadas para seus discípulos durante alguns anos, pois, como ele próprio disse, eram o resultado de uma iluminação interior, provavelmente o que agora chamamos clarividência. Na introdução do livro, diz Gichtel que é: "Uma breve exposição dos três princípios dos três mundos do homem, representados em claras imagens, que demonstram como e onde têm seus respectivos centros no homem interno, segundo o qual o autor observou a si mesmo em divina contemplação, e o que sentiu, experimentou e percebeu."

Contudo, como todos os místicos de seu tempo, Gichtel carece da exatidão que deve caracterizar o ocultismo e misticismo, e ao descrever as figuras se desvia em prolixidades, embora às vezes faça digressões interessantes sobre as dificuldades e problemas da vida espiritual. Portanto, não é o seu livro uma obra mestra no concernente à descrição das figuras se bem que talvez não se atreveu a dizer demasiado, ou quis induzir seus leitores a que aprendessem a ver por si mesmos aquilo que descrevia.

Assim mesmo infere-se de sua conduta verdadeiramente espiritual, que havia atualizado bastante clarividência para ver os chakras, mas que, incapaz de conhecer o seu genuíno caráter e serviço, lhes aplicou, em sua tentativa de os explicar, o usual simbolismo da escola a que pertencia.

Como se notará, trata Gichter do natural homem terreno submerso nas trevas, pelo que se deve desculpá-lo de ser um tanto pessimista a respeito dos chakras. Não se detém a comentar o primeiro e o segundo, talvez porque sabia que estavam principalmente relacionados com o processo fisiológico; mas qualificava o plexo solar de assento da ira, como de fato o é. Considera o chakra cardíaco cheio de amor-próprio, o laríngeo, de inveja e avareza, e no coronário só vê radiante orgulho.

Também atribui planetas aos chakras. A Lua ao fundamental; Vênus ao umbilical; o Sol ao cardíaco (1); Marte ao laríngeo; Júpiter ao frontal e Saturno ao coronário. Além disso, nos diz que o fogo reside no coração, a água no fígado, a terra nos pulmões, e o ar na bexiga, ainda que tudo isso em linguagem simbólica.

Convém notar que Gichtel traça uma espiral da serpente enroscada até o coração, passando sucessivamente por todos os chakras; mas não se percebe razão alguma da ordem em que a espiral passa por eles. O simbolismo do cão corredor não está explicado, e temos, portanto, liberdade de interpretá-lo segundo nos agrade ou de deduzir qualquer interpretação.

O autor nos oferece por último uma ilustração do homem regenerado pelo Cristo, que esmagou completamente a serpente; mas substitui o sol pelo Sagrado Coração, horrivelmente sangrante.

O interesse que para nós tem esse desenho não consiste nas interpretações do autor, mas em demonstrar, sem deixar margem à dúvida, que pelo menos alguns místicos do século XVII conheciam a existência dos chakras e suas respectivas situações nas diversas regiões do corpo humano.

Adicional prova do primitivo conhecimento dos chakras nos oferecem os rituais maçônicos cujos pontos capitais remontam a um tempo imemorial, pois os monumentos arqueológicos demonstram que tais pontos rituais já se conheciam e praticavam no antigo Egito, e foram fielmente transmitidos até os dias de hoje. Os mações incluem-nos entre os seus segredos,

---

(1) Ainda que se notará ter uma serpente enroscada.

e ao utilizá-los, estimulam positivamente algum chakra para o propósito de seu trabalho maçônico, enquanto no geral pouco ou nada conheçam do que ocorre além do campo ordinário da visão.

É-me impossível dar aqui explicações mais claras, mas já disse muito do que é permitido dizer, em minha obra *A Vida Oculta na Maçonaria*(¹).

---

(1). Editora Pensamento, São Paulo, 1956.

CAPÍTULO II

AS ENERGIAS

A ENERGIA PRIMÁRIA OU ENERGIA DE VIDA

A Divindade emite de Si mesma diversas modalidades de energia. Quiçá haja centenas dessas modalidades completamente desconhecidas para nós mas tem-se observado algumas que se manifestam apropriadamente em cada um dos níveis alcançados pelo observador, conquanto por ora só as consideraremos tal como se manifestam no mundo físico. Uma delas é a eletricidade, outra o fogo serpentino, outra a vitalidade, e ainda outra a energia de Vida, totalmente distinta da vitalidade, como depois veremos.

Pacientes, longos e continuados esforços necessita fazer quem se proponha a descobrir a origem destas energias e sua mútua relação. Quando coligi em minha obra *The Hidden Side of Things* as respostas às perguntas formuladas durante anos anteriores nas conferências de Adyar, já conhecia a manifestação no plano físico da energia de vida, do fogo serpentino e da vitalidade, mas ainda ignorava sua relação com as três ondas ou efusões de vida, e por isso as descrevi como se fossem inteiramente distintas e estivessem separadas dessas efusões. Ulteriores investigações me capacitaram a sanar esta deficiência, e me comprazo em ter agora ocasião de corrigir a inexatidão em que então incorri.

Pelos chakras fluem três principais energias que podemos considerar como representativas dos três aspectos do Logos. A energia que penetra pela boca em forma de sino do chakra e que com relação a si mesma estabelece uma energia secundária, é uma das manifestações da segunda onda de vida, oriunda do segundo aspecto do Logos, ou seja, a corrente de vida que este segundo aspecto do Logos infunde na matéria já vitalizada pela primeira efusão procedente do terceiro aspecto de Logos. É isto o que simbolizam os ensinamentos cristãos ao dizerem que Cristo encarnou (isto é, tomou forma) do Espírito Santo e da Virgem Maria.

A segunda onda se subdividiu em um número quase infinito de graus e ainda se diferenciou de si mesma, talvez pela "maya" ou ilusão com que a vemos atuar. Difunde-se por meio de inumeráveis bilhões de canais e se manifesta em todos os planos e subplanos de nosso sistema, ainda que essencialmente seja sempre a mesma energia, que se não deve confundir com a primeira onda que elaborou os elementos químicos com os quais formou a segunda onda de seus veículos em cada plano. Parece como se suas manifestações fossem mais graves ou densas por empregar matéria também mais grave ou densa. No plano búdico se manifesta como o princípio do Cristo, que pouco a pouco, imperceptivelmente, se vai desenvolvendo no interior da alma humana.

Vemos que vivifica as diversas camadas de matéria dos corpos astral e mental, de modo que na parte superior do astral se manifesta em forma de nobres emoções e na parte inferior como um mero impulso de vida que anima a matéria do corpo astral.

Em sua ínfima manifestação vemos que se envolve num véu de matéria etérica, e do corpo astral se transfere por meio dos chakras ao corpo físico, onde encontra outra energia, chamada fogo serpentino ou *kundalini*, que misteriosamente surge do corpo humano.

O FOGO SERPENTINO

Esta energia é a manifestação no plano físico da primeira onda de vida dimanante do terceiro aspecto do Logos. Existe em todos os planos, que mais ou menos conhecemos, mas nos cingiremos a considerá-la quando manifesta na matéria etérica. Não se transmuta na primeira energia já mencionada nem na vitalidade procedente do sol, e parece não ser afetada, de nenhum modo, por qualquer modalidade de energia física. Já vi carregar o corpo de um homem com uma corrente elétrica de 1 250 volts, de sorte que, ao dirigir os braços para a parede, brotavam enormes chamas de seus dedos. E contudo, não experimentava nenhuma sensação estranha, nem era possível que ficasse carbonizado em semelhantes circunstâncias enquanto não tocasse nenhum objeto estranho, mas nem sequer tão enorme potencial elétrico afetava, por mínimo que fosse, ao fogo serpentino.

Desde muitos anos sabemos que nas entranhas da terra há o que poderíamos chamar o laboratório do terceiro aspecto do Logos. Ao investigar as condições do centro da terra, encontramos ali um volumoso globo de tão formidável energia, que não podemos aproximar-nos. Foi-nos possível tão-somente tocar as camadas externas, e inferimos que evidentemente estão em simpática relação com as camadas de *kundalini* no corpo humano.

Há muitíssimos séculos que penetrou no centro da terra a energia do terceiro aspecto do Logos, mas ainda continua ali elaborando gradualmente novos elementos químicos, com crescente complexidade de formas e intensa vida ou atividade interna cada vez maior.

Os estudantes de Química conhecem a Tabela Periódica composta pelo químico russo Mendeleiev no último terço do século passado, na qual os elementos químicos conhecidos estão dispostos em ordem de seus pesos atômicos, começando pelo mais leve, o hidrogênio, cujo peso atômico é 1, e terminando pelo urânio, cujo peso atômico é 238,5, sendo o mais pesado dos elementos conhecidos.

Nossas investigações químicas pessoais nos revelaram que os pesos atômicos são quase exatamente proporcionais ao número de átomos ultérrimos de cada elemento, segundo consta da obra *Química Oculta*, onde também aparecem a forma e composição de cada elemento.

Na maior parte dos casos em que examinamos os elementos com vista etérica, as suas formas denotavam, como também denota a Tabela Periódica, que se haviam desenvolvido em ordem cíclica, em espiral ascendente, e não em linha reta. Foi-nos dito que o hidrogênio, oxigênio e nitrogênio, que constituem aproximadamente a metade da crosta terrestre e quase toda a atmosfera, pertencem também a outro sistema solar maior que o nosso. Mas sabemos que os demais elementos químicos têm sido elaborados pelo Logos de nosso sistema, que está prolongando a espiral mais além do urânio em inimagináveis condições de pressão e temperatura. Gradualmente, segundo o Logos vá formando novos elementos químicos, os impele para a superfície da terra.

A energia do *kundalini* ou fogo serpentino de nosso corpo, procede do laboratório do Espírito Santo, oculto nas entranhas da terra, e é parte do formidável globo ígneo geocêntrico.

Esta energia contrasta profundamente com a vitalidade oriunda do sol, que logo explicaremos, e pertence ao ar, à luz e aos vastos espaços livres, enquanto que o fogo serpentino é muito mais material, como o do ferro enrubescido ou do metal incandescente.

Esta tremenda energia tem o aspecto ainda mais terrível de produzir a impressão de descer sempre mais profundamente na matéria, com lenta mas irresistível progressão e implacável segurança.

O fogo serpentino não é a porção de energia do terceiro aspecto do Logos com a qual está elaborando elementos cada vez mais densos. A índole do fogo serpentino é antes uma ulterior modalidade dessa energia, reside no núcleo vital dos corpos radioativos como o rádio. Forma parte da ação da primeira onda de vida depois de chegar ao seu ínfimo ponto de involução, onde começa a ascender às alturas de que desceu. Já sabemos que a segunda onda de vida procede do segundo aspecto do Logos, desce à matéria através dos três reinos elementares até chegar ao mineral, donde ascende pelos reinos vegetal e animal até o reino humano, onde conflui com a terceira onda de vida proveniente do primeiro aspecto do Logos. Assim o representa a figura 3, em que a segunda onda desce pela esquerda, alcança seu ínfimo ponto no fundo do diagrama e ascende pela direita até confluir no plano

49

mental com a terceira onda de vida que, procedente do primeiro aspecto do Logos, desce ao seu encontro pela direita.

Quanto à primeira onda de vida oriunda do terceiro aspecto do Logos e representada pela linha vertical no diagrama, temos de imaginar que, chegada ao seu ínfimo ponto no reino mineral, ascende pelo mesmo caminho por onde desceu. Pois bem, *kundalini* ou o fogo serpentino é esta primeira onda de vida em seu caminho ascendente, e atua nos corpos dos seres evolucionantes, em íntimo contacto com a primeira energia já mencionada, de sorte que ambas conduzem mancomunadamente o animal ao ponto onde há de receber a efusão do primeiro aspecto do Logos e converter-se em ego, em homem, em cujos veículos continua atuando.

Assim absorvemos a potente energia de Deus tanto por baixo, da terra, como por cima do céu. Somos filhos da terra e também do sol. A energia que da terra sobe e a que do sol desce, confluem em nós e cooperam mancomunadamente para nossa evolução. Não podemos possuir uma energia sem a outra, e há muito risco no excessivo predomínio de uma delas. Daqui o perigo de avivar as camadas inferiores do fogo serpentino antes de purificar e refinar a conduta.

Muitas coisas ouvimos dizer acerca deste misterioso fogo e do perigo de avivá-lo prematuramente, e indubitavelmente é verdadeiro muito do que ouvimos dizer. Certamente há gravíssimo perigo em despertar os aspectos superiores desta formidável energia antes que seja o homem capaz de a dominar e haver adquirido a pureza de conduta e pensamento que lhe permita liberar impunemente tão tremenda potência.

O fogo serpentino desempenha na vida quotidiana uma parte muito mais importante do que a que até aqui havíamos suposto, pois há dessa energia uma suave manifestação, já desperta em todo homem, que

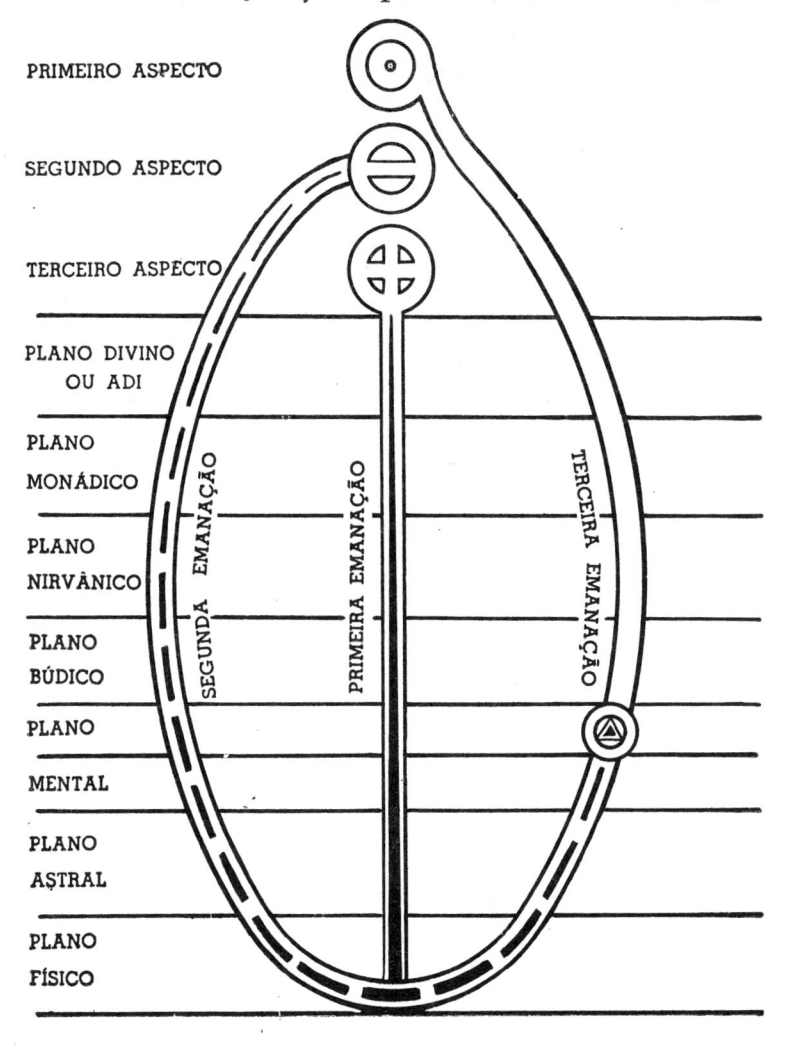

PRIMEIRO ASPECTO

SEGUNDO ASPECTO

TERCEIRO ASPECTO

PLANO DIVINO OU ADI

PLANO MONÁDICO

PLANO NIRVÂNICO

PLANO BÚDICO

PLANO MENTAL

PLANO ASTRAL

PLANO FÍSICO

SEGUNDA EMANAÇÃO

PRIMEIRA EMANAÇÃO

TERCEIRA EMANAÇÃO

Fig. 3 — As três emanações ou ondas de vida

não é só inofensiva, mas benéfica, e que atua dia e noite levando a cabo a sua obra, ainda que estejamos inconscientes de sua presença e atividade.

É certo que já se havia observado esta energia fluir pelos nervos, chamando-a fluido nervoso, mas sem saber o que é realmente. Ao estudá-la e descobrir a sua fonte, averiguou-se que penetra no corpo humano pelo chakra fundamental.

Como as demais modalidades de energia, *kundalini* é invisível; mas no corpo humano se alberga num curioso ninho de ocas esferas concêntricas de matéria astral e etérica, uma dentro da outra como as bolas de um quebra-cabeça chinês. Essas esferas parecem ser sete, dentro do chakra fundamental e ao redor da última câmara ou oco da espinha dorsal, perto do cóccix; mas só na esfera externa está ativa a energia no homem comum. Nas demais "dormita", como dizem alguns livros orientais, unicamente quando o homem tenta atualizar a energia latente nas camadas internas, se mostram os perigosos fenômenos do fogo serpentino. O inofensivo fogo da epiderme externa da esfera flui pela coluna vertebral acima, simultaneamente pelas três linhas de *sushumna*, *ida* e *pingala*, segundo até agora o demonstram as investigações.

OS TRÊS CONDUTOS ESPINAIS

Das correntes que fluem pelo interior e em torno da coluna vertebral de todo ser humano, diz Blavatsky na *Doutrina Secreta*:

A Escola transinmalaica situa a *sushumna*, o principal dos três *nadis*, no canal medular da coluna vertebral, e o *ida* e o *pingala* são simplesmente os sustenidos de bemóis do *Fá* da natureza humana, os quais, quando pulsam devidamente, despertam as sentinelas de ambos os lados, o *manas* espiritual e o físico *kama*, e subjuga a natureza inferior por meio da superior.

O puro *akasha* passa pelo *sushumna* acima e seus dois aspectos fluem por *ida* e *pingala*. Estes são os três ares vitais simbolizados no cordão bramânico, e regidos pela vontade. O desejo e a vontade são o aspecto inferior e superior da pureza dos canais ou condutos. De *sushumna, ida* e *pingala* se origina uma circulação que do canal central se distribui por todo o corpo.

Ida e *pingala* funcionam ao longo da encurvada parede do cordão em que está *sushumna*. São semimateriais, um positivo e outro negativo, sol e lua, e põem em ação a livre e espiritual corrente de *sushumna*. Têm distintos e peculiares condutos, pois do contrário irradiariam por todo o corpo.

Em *A Vida Oculta na Maçonaria*([1]) dissemos, a respeito do uso maçônico destas energias:

Faz parte do plano da Maçonaria estimular a atividade destas forças no corpo humano, a fim de apressar a evolução. Aplica-se este estímulo no momento em que o V. M. cria, recebe e constitui o candidato. No Primeiro Grau o domínio das paixões e emoções.

No Segundo Grau afeta o *pingala* ou seu aspecto masculino, e o fortalece a fim de facilitar o domínio da mente.

No Terceiro Grau se desperta a energia central, o *sushumna*, e abre caminho para a influência superior do espírito.

É subindo por este canal de *sushumna* que o iogue deixa o seu corpo físico à vontade, de modo que ele pode conservar plena consciência e recordar suas experiências nos planos superiores ao retornar ao plano físico.

---

(1) Editora Pensamento, São Paulo, 1956.

As figuras expostas mais abaixo indicam toscamente o modo como as forças etéricas fluem através do corpo humano. O *ida* sai da base da espinha dorsal, à esquerda do *sushumna*, e o *pingala* à direita (bem entendido, à esquerda e à direita do homem e não do espectador; mas na mulher estão invertidas estas posições). As linhas terminam na medula ablongada.

Na Índia chamam *Bramadanda*, ou bastão de Brama, à espinha dorsal, e o desenho representado na figura 4d demonstra que também é o original do caduceu de Mercúrio com as duas serpentes que simbolizam o *kundalini* ou serpente ígnea, que se move ao longo do canal medular, enquanto que as asas representam o poder, conferido pelo fogo, de se elevar aos planos superiores.

A figura 4a representa o *ida* estimulado depois da iniciação no Primeiro Grau, e a linha é carmesim. Ao passar para o Segundo Grau, se acrescenta a linha amarela do *pingala*, segundo o representa a figura 4a e quando da exaltação ao Terceiro Grau, completa-se a série com a linha azul intenso do *sushumna*, representada na figura 4c.

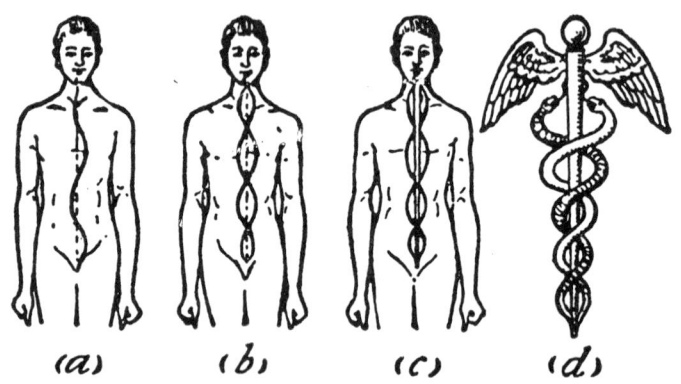

Fig. 4 — Os condutos espinais

O *kundalini*, que flui por estes três canais, especializa-se de duas maneiras durante o seu fluxo ascendente. Há no *kundalini* uma estranha mistura de qualidades positivas e negativas, que quase poderiam chamar-se masculinas e femininas. Em conjunto prepondera grandemente o aspecto feminino, e este é a razão de os tratados hindus aplicarem o pronome *ela* a esta energia. Talvez pelo mesmo motivo se chame em *Voz do Silêncio* o lar da Mãe do mundo a certa "câmara do coração", onde algumas modalidades de Ioga concentram o *kundalini*. Mas quando o fogo serpentino surge de seu foco e, entrando pelo chakra fundamental, flui para cima pelos três canais mencionados, observa-se que a energia ascendente por *pingala* é quase toda ela masculina, enquanto que a que sobe por *ida* é quase inteiramente feminina. A corrente caudalosa que passa por *sushumna* acima, parece que conserva suas proporções originárias.

A segunda diferenciação do *kundalini*, ou fogo serpentino, durante a sua ascensão pela coluna vertebral, consiste em que se impregna intensamente da personalidade do homem. Entra como uma energia geral e ao chegar em cima se transmuta no particular fluido nervoso humano, com o selo das especiais qualidades e idiossincrasias de cada indivíduo, manifestas nas vibrações dos gânglios espinais, que se podem considerar como as raízes dos talos dos chakras superficiais.

CASAMENTO DAS ENERGIAS

Ainda que a boca em forma de sino do chakra esteja na superfície do corpo etérico, o talo desta espécie de flor surge de um centro ou gânglio da coluna vertebral. A estes centros, e não à corola ou boca em forma de sino, se referem os livros hindus ao falarem dos chakras. Em todos os casos, um talo etérico, geralmente encurvado para baixo, liga a raiz situada no centro espinal com o chakra externo. (Veja-se a prancha VI). Já que os talos de todos os chakras brotam da coluna vertebral, compreende-se que o fogo serpentino flua por esses talos até chegar à campânula do chakra onde encontra a energia divina que pela boca da campânula flui, e a pressão resultante do encontro determina a radiação horizontal de ambas as energias mescladas pelos raios do chakra.

As superfícies das correntes da energia primária e do *kundalini* se roçam em seu encontro e giram em direções opostas, à maneira dos dois discos da máquina elétrica de Wimshurst (embora estes nunca se toquem), resultando disso uma pressão extraordinária.

Este fenômeno tem sido simbolizado pela expressão "casamento" da energia primária, essencialmente masculina, com *kundalini*, que se considera sempre como distintamente feminino, e à combinada energia daí resultante se chama o magnetismo pessoal do homem, que vivifica os gânglios ou plexos imediatos a vários chakras; flui pelos nervos e mantém a temperatura do corpo.

Ao se combinarem ambas as energias, como acabo de dizer, entrelaçam-se algumas de suas respectivas moléculas. A energia primária parece capaz de ocupar diferentes classes de formas etéricas, e a que geralmente adota é um octaedro, constituído por quatro átomos dispostos em quadrado e um átomo central em constante vibração para cima e para baixo em meio do quadro e em ângulo reto com este. O fogo serpentino se aloja usualmente num disco plano de sete átomos, enquanto que o glóbulo de vitalidade, também composto de sete átomos, se acomoda em disposição análoga à da energia primária, mas forma um hexágono em vez de um quadrado.

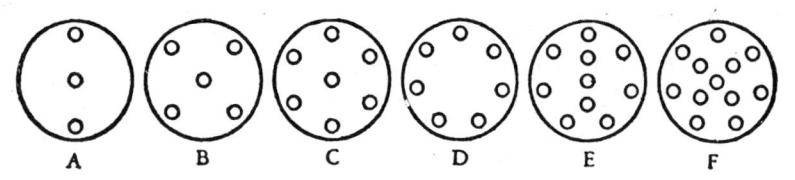

Fig. 5 — Configuração das energias

A figura 5 dá idéia destas disposições. A e B são as formas adotadas pela energia primária; C é a do glóbulo de vitalidade; e D a do *kundalini*. E mostra o efeito da combinação A e D; e F o da de B e D. Nas formas A, B e C o átomo central está constantemente vibrando em ângulo reto com a superfície do papel, salta dela até uma altura maior que o diâmetro do disco, e depois se afunda debaixo do papel a igual distância, repetindo várias vezes por segundo este movimento de lançadeira([1]). Em D o movimento é tão-somente uma constante procissão ao redor do círculo, conquanto haja enorme quantidade de energia latente que se manifestará tão logo se efetuem as combinações, como procuramos representar em E e F. Os dois átomos positivos A e B prosseguem depois da combinação em sua violenta atividade anterior e seu vigor se intensifica grandemente, enquanto que os átomos em D, embora ainda se movam em sentido circular aceleram tão enormemente a sua velocidade que deixam de ser visíveis como átomos separados, e por causa de um fenômeno de ilusão ótica, aparecem com um refulgente anel luminoso.

As primeiras quatro moléculas antes descritas pertencem ao tipo de matéria que na obra *Química*

([1]) Logo se compreende que falo em sentido relativo e não literalmente, porque em realidade a esfera representada pelos círculos do desenho é tão p........ que não se pode ver nem com o mais potente microscópio. Mas *em p. ..orção* ao seu tamanho, vibra como descrevi.

Oculta a doutora Besant denomina hipermetaprotoelemental. Mas *E* e *F* são compostos e devem ser considerados atuantes no imediato subplano que a doutora Besant chama superetérico, pelo que seriam de metaprotomatéria. O tipo *B* é muito mais comum que o *A*, e infere-se naturalmente disso que o fluido nervoso, resultado final da combinação ou casamento de ambas as energias, se acham mais moléculas do tipo *F* que do tipo *E*. Portanto, o fluido nervoso é uma corrente de vários elementos, que contém moléculas de cada um dos tipos representados na figura 4, isto é, simples e compostas, casadas e solteiras, e pares conjugais que fluem todos conjuntamente.

O movimento pasmosamente enérgico de lançadeira para cima e para baixo do átomo central nas combinações *E* e *F* dá-lhes uma desusada configuração dentro de seu campo magnético, como mostra a figura 6.

A parte superior desta figura parece-me mui semelhante ao linga que costuma adornar as frentes dos templos de Siva na Índia. Foi-me dito que o *linga* é um emblema do poder criador e que os hinduístas devotos o consideram como se se estendesse para baixo do solo tanto quanto se estende para cima. Tenho conjecturado se os hindus conheciam esta molécula especialmente ativa e sua imensa importância no sustento da vida animal e huma-

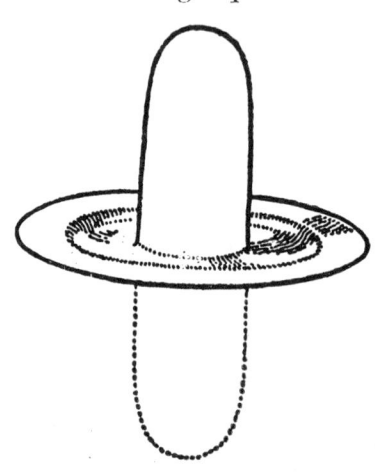

Fig. 6 — Forma das energias combinadas

na, e igualmente se esculpiam o símbolo em pedra qual expressão de seu conhecimento oculto.

O SISTEMA SIMPÁTICO

A anatomia descreve dois sistemas nervosos no corpo humano: o cerebrospinal e o simpático.

O cerebrospinal começa no cérebro, prossegue pela medula espinal e se distribui por todo o corpo mediante gânglios de que saem os nervos entre duas vértebras contíguas.

O sistema simpático consiste em dois cordões estendidos por quase toda a longitude da coluna vertebral, de um e outro lado dela e um pouco adiante de seu eixo.

Dos gânglios destes dois cordões, não tão numerosos como os da coluna vertebral, saem os nervos simpáticos que formam os plexos, dos quais, por sua vez, como os ramais das estações mais importantes, derivam outros nervos que formam gânglios menores com as arborizações terminais.

Contudo, ambos os sistemas estão relacionados por diversos meios e por tão grande número de nervos conectores, que não é possível considerá-los como dois organismos nervosos independentes.

Ademais, temos um terceiro sistema, chamado vagal, formado por dois nervos que saem da medula oblonga e descem distintamente para muito dentro do corpo, entremesclando-se constantemente com os nervos e plexos dos outros dois sistemas.

A medula espinal, o cordão simpático esquerdo e o nervo vago esquerdo estão representados na prancha VI, que mostra as conexões nervosas entre os gânglios espinais e simpáticos, e os canais por onde os últimos ramificam os nervos que formam os principais plexos do sistema simpático. Observar-se-á que os plexos tendem a inclinar-se para os gânglios de que se originam. Assim, por exemplo, o plexo solar depende principalmente do grande nervo esplênico, que na prancha aparece derivado do quinto gânglio simpático torácico, e este ligado, por sua vez, com o quarto gânglio torácico espinal, que está quase ao nível horizontal do coração. Mas o nervo desce para unir-se com os nervos esplênicos menor e mínimo, que saem do gânglio torácico inferior, o qual atravessa o diafragma e se enlaça com o plexo solar. Há também outros enlaces entre este plexo e os cordões, mostrados de algum modo na prancha mas demasiado complicados para serem descritos. Os principais nervos que vão ao plexo cardíaco, inclinam-se para baixo, de maneira análoga. No caso do plexo laríngeo existe apenas uma leve inclinação, e o plexo carótido ascende do nervo carótido interno, proveniente do gânglio simpático cervical superior.

OS GÂNGLIOS ESPINAIS

Análoga inclinação se observa nos talos etéricos que ligam a corola do chakra, situada na superfície do duplo etérico, com os seus correspondentes gânglios espinais, situados aproximadamente nas posições assinaladas em vermelho na prancha VI e explicadas na Tabela 2. Os raios dos chakras proporcionam aos plexos simpáticos a energia suficiente para desempenhar sua função subsidiária, e no atual estado de nossos conhecimentos, parece-me temeridade identificar os chakras com os plexos como, sem suficiente fundamento, o tem feito alguns autores.

Os plexos hipogástricos ou pélvicos estão indubitavelmente relacionados com o chakra *swadhisthana*, situado perto dos órgãos genitais e mencionado pelos livros hindus, mas não consta nem se usa em nosso plano de desenvolvimento. Os plexos agrupados na região pélvica estão, na maioria, subordinados ao plexo solar em tudo que se refere à atividade consciente,

Nome do chakra	Situação na superfície do duplo etérico	Situação aproximada do gânglio espinal	Plexos simpáticos	Principais plexos subsidiários
Fundamental	Na base da espinha dorsal	Quarta vértebra sacra	Coccígeo	
Esplênico	Sobre o baço	Primeira lombar	Esplênico	
Umbilical	Sobre o umbigo	Primeira torácica	Solar	Hepático, pilórico, gástrico, mesentérico, etc.
Cardíaco	Sobre o coração	Oitava cervical	Cardíaco	Pulmonar, coronário, etc.
Laríngeo	Na garganta	Terceira cervical	Faríngeo	
Frontal	Entre as sobrancelhas	Primeira cervical	Carótico	Cavernoso e em geral os encefálicos

TABELA 2 — OS CHAKRAS E OS PLEXOS

pois tanto aqueles dois como o plexo esplênico estão muito intimamente relacionados com o plexo solar por numerosos nervos.

O chakra coronário não está relacionado com nenhum plexo simpático do corpo físico, mas o está com a glândula pineal e o corpo pituitário, como veremos no capítulo IV. Também influi no desenvolvimento do sistema cerebrospinal.

Sobre a origem e as relações entre os sistemas cérebro-espinal e simpático, diz a doutora Annie Besant em sua obra *Estudo Sobre a Consciência*:

Vejamos como se inicia e desenvolve a formação do sistema nervoso pelos impulsos vibratórios oriundos do plano astral. Notamos um diminuto grupo de células nervosas enlaçadas por tênues ramificações. Este grupo se forma pela ação de um centro previamente aparecido no corpo astral... ou seja, uma agregação de matéria astral disposta de modo a formar um centro destinado a receber impulsos do exterior e responder a eles. As vibrações passam deste centro astral para o corpo etérico, determinando pequenos vértices etéricos que incluem partículas de matéria física densa e acabam por constituir uma célula nervosa e grupos delas. Estes centros físicos recebem vibrações do mundo exterior e devolvem impulsos aos centros astrais cujas vibrações aumentam, de modo que os centros físicos e astrais agem e reagem reciprocamente, e cada um deles torna-se mais complicado e eficaz. À medida que transcendemos o reino animal, encontramos em constante aperfeiçoamento o sistema nervoso físico como fator cada vez mais predominante no corpo. E este primitivo sistema se converte, nos vertebrados, no grande simpático que governa e dinamiza o coração, os pulmões, o aparelho digestivo e demais órgãos vitais. Por outro lado, vai formando pouco a pouco o sistema cérebro-espinal, intimamente relacionado em suas operações inferiores com o simpático, e aumenta gradativamente seu predomínio até transformar-se em seu máximo desenvolvimento, no órgão normal da "consciência desperta". O sistema cerebrospinal se forma por impulsos originados no plano mental, não no astral, com o que indiretamente se relaciona por meio do sistema simpático cuja formação provém do plano astral[1].

---

(1) Annie Besant, *Estudio sobre la Consciencia*, págs. 136/38, Editorial Teosófica, 1922, Barcelona.

VITALIDADE

Todos nós experimentamos alegria e bem-estar ao beijo do sol, mas só os ocultistas conhecem o porquê desta agradável sensação. Da mesma forma que o sol inunda de luz e calor o seu sistema, assim também derrama perpetuamente sobre ele outra energia ainda não suspeitada pela ciência moderna, a que se tem dado o nome de "vitalidade", que atinge todos os planos e se manifesta nos planos físico, emocional, mental, etc.

Contudo, limitar-nos-emos a considerá-la no plano físico, onde penetra alguns átomos cuja atividade aumenta imensamente, e de maravilhosa maneira os anima e faz brilhar.

Não se deve confundir a vitalidade com a eletricidade, pois, embora tenham alguns pontos de semelhança, a vitalidade atua bem distintamente da eletricidade, do calor e da luz. Qualquer destas outras energias determina a oscilação do átomo em conjunto, e o tamanho da oscilação é enorme, comparado com o do átomo; mas a vitalidade chega ao átomo vinda do interior e não do exterior.

O GLÓBULO DE VITALIDADE

O átomo em si não é mais que a manifestação de uma energia. O Logos quis alojar a Sua energia numa forma determinada, a que chamamos átomo físico ultérrimo (Fig. 7), e pelo esforço de Sua vontade se mantêm na referida forma uns catorze bilhões de borbulhas. Convém ressaltar o fato de que do esforço de vontade do Logos depende inteiramente a coesão das borbulhas em tal forma, de modo que se por um instante o Logos retirasse a Sua vontade, se separariam as borbulhas, e todo o mundo físico cessaria de existir em espaço menor que o da duração de um relâmpago. Eis por que, mesmo deste ponto de vista, o mundo inteiro não passa de uma ilusão, sem contar que as borbulhas constituintes do átomo são agulheiros no *koilon* ou verdadeiro éter do espaço.

Portanto, a vontade do Logos continuamente exercida mantém em coesão os átomos, e ao examinar a ação desta energia volitiva, vemos que não penetra no átomo de fora, mas que surge de seu interior, o que significa que se infunde no átomo procedente de dimensões superiores. O mesmo sucede com a vitalidade, que surge do interior do átomo, acompanhada da energia que o mantém em coesão, em vez de penetrá-lo do exterior, como a luz, o calor e a eletricidade.

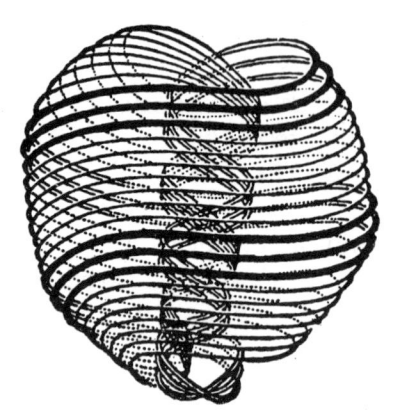

Fig. 7 — Átomo físico ultérrimo

Quando a energia vital se infunde assim no átomo, dota-o de vida suplementar e comunica-lhe força de atração, de modo que nesse ponto atrai para si outros seis átomos físicos ultérrimos dispostos em definida forma de um elemento subatômico ou hipermetaproto, como já expliquei.

Mas este elemento difere de todos os até agora observados, em que a energia que o origina e mantém em coesão os seus componentes, procede do primeiro aspecto do Logos e não do terceiro. Este glóbulo de vitalidade (figura 5c) é o pequeno grupo que constitui o sumamente brilhante grânulo na serpente masculina ou positiva do elemento químico oxigênio, assim como é igualmente o coração do globo central do rádio.

Estes glóbulos de vitalidade distinguem-se pelo brilho e extrema atividade de todos quantos flutuam na atmosfera, pois denotam vida muito intensa, e provavelmente são as vias ígneas tão amiúde mencionadas por Blavatsky na seguinte passagem da *Doutrina Secreta*:

> Diz-se que toda mudança fisiológica, isto é, a própria vida, ou melhor, os fenômenos objetivos da vida, produzidos por certas condições e mudanças dos tecidos do corpo que obrigam a vida a atuar nesse corpo, se devem atribuir aos invisíveis "Criadores" e "Destruidores", geralmente chamados micróbios. Caberia supor que as vidas ígneas e os micróbios da ciência sejam idênticos; mas isto não é verdadeiro. As vidas ígneas são a sétima e superior subdivisão do plano físico, e correspondem-se no indivíduo com a Vida única do universo, ainda que só no plano físico.

Se bem que a energia que vivifica os glóbulos de vitalidade seja completamente distinta da luz, parece que depende da luz em seu poder de manifestação. Quando o sol brilha em todo o esplendor, renova-se copiosamente a energia vital e se forma incrível número de glóbulos, enquanto que em dias nublados diminuem consideravelmente, e durante a noite fica em suspenso a operação, segundo as observações até agora efetuadas. Portanto, durante a noite vivemos a expensas das reservas de vitalidade acumuladas durante o dia, e ainda que pareça realmente impossível o esgotamento das reservas, devem diminuir notavelmente quando está o céu nublado durante muitos dias seguidos. Uma vez carregado, o glóbulo atua como elemento subatômico e não está exposto a transmutação ou perda de energia até que o absorva um ser vivo.

PROVISÃO DE GLÓBULOS

A vitalidade, como a luz e o calor, dimana continuamente do sol, mas às vezes surgem impedimentos a obstar que toda a provisão chegue à terra. Nos invernais e melancólicos climas impropriamente chamados temperados, costuma haver uma longa sucessão de dias cinzentos em que o céu fica coberto com um sudário de cerradas nuvens que afeta tanto a vitalidade como a luz, pois que ainda que não a intercepte por completo, diminui notavelmente a sua quantidade. Portanto, nos tristes dias sombrios decresce a vitalidade, e todos os seres vivos anelam instintivamente o fulgor do sol.

Quando os átomos vitalizados estão assim mais escassamente difundidos, o homem de robusta saúde acrescenta o seu poder de absorção, estende-o a uma área mais vasta e desta forma mantém seu vigor no nível normal. Mas os inválidos e pessoas de escassa energia nervosa são incapazes deste acréscimo de absorção, pelo que costumam sofrer gravemente e se põem de mau humor, debilitando-se ainda mais sem compreender a causa. Pela mesma razão a vitalidade é mais baixa no inverno que no verão, pois ainda que o curto dia invernal seja de sol, o que é raro, as noites são muito compridas, e durante elas temos de viver a expensas da vitalidade acumulada na atmosfera durante o dia. Pelo contrário, os longos dias de verão, se estão limpos e com sol, carregam a atmosfera tão plenamente de vitalidade que esta pouco diminui nas curtas noite do estio.

Do estudo deste assunto da vitalidade, o ocultista não pode deixar de inferir que, independentemente da temperatura, o ar ensolarado é um dos mais importantes fatores da conservação da perfeita saúde, pois nenhum outro pode compensá-lo. Uma vez que a vitalidade se difunde por todos os mundos e não exclusivamente pelo físico, é evidente que, quando em outros aspectos se cumprem as necessárias condições, a emoção, a mente e a espiritualidade receberão influência muito favorável do sol, num dia de céu limpo e claro.

ENERGIAS PSÍQUICAS

As três energias mencionadas — a primária, a vitalidade e o *kundalini* — não estão diretamente relacionadas com a vida mental e emocional do homem, mas tão-somente com o seu bem-estar corporal. Mas também penetram pelos chakras energias que podem qualificar-se de psíquicas e espirituais. Os dois primeiros chakras não manifestam nenhuma destas energias, mas o chakra umbilical e os demais situados acima do corpo são portas de entrada para as energias que afetam a consciência humana.

Num artigo sobre os centros mentais, inserto na obra *A Vida Interna,* expus que os pensamentos são coisas mui definidas que ocupam lugar no espaço. Os pensamentos sobre um mesmo assunto e da mesma natureza, propendem a agregar-se; portanto, para alguns assuntos há na atmosfera um centro mental, um espaço definido, ao qual são atraídos, e todos os demais pensamentos sobre o mesmo assunto aumentam sua extensão e influência. Deste modo o pensador pode contribuir para fomentar um centro mental mas por sua vez, recebe dele influência, e esta é uma das razões pelas quais o povo pensa como rebanhos de carneiros. A um homem de mentalidade preguiçosa é muito mais fácil aceitar um pensamento elaborado por outra mente, do que empregar suas faculdades na consideração dos vários aspectos de um assunto até chegar à decisão de seu próprio discernimento.

O que assim sucede no plano mental a respeito do pensamento, acontece também, com devidas modificações, no plano astral a respeito dos sentimentos. O pensamento voa com a rapidez do raio pela sutil matéria do plano mental, de modo que os pensamentos unânimes do mundo inteiro sobre determinado assunto, podem facilmente congregar-se num centro e serem acessíveis a quem quer que pense sobre o mesmo assunto.

A matéria astral, conquanto muito mais sutil que a física, é no entanto, mais densa que a mental, de maneira que as volumosas nuvens de "formas emocionais" que no mundo astral engendram os intensos sentimentos, não se reúnem todas num só centro, senão que se "entrefundem" com outras vizinhas da mesma natureza, resultando disso enormes e potentíssimos blocos de emoção que flutuam por toda a parte, e podem influir em quem com eles se ponha em contato.

A relação deste assunto com o nosso tema capital consiste em que a referida influência se exerce por meio de um ou outro chakra. Para demonstrá-lo tomemos como exemplo um homem cheio de medo. Aqueles que tiverem lido o livro *O Homem Visível e Invisível*, recordarão que a sua prancha XIV representa a condição do corpo astral do tímido. As vibrações de um corpo astral em semelhante estado atrairão as nebulosas formas emocionais de temor que flutuem pela vizinhança. Se o indivíduo consegue recuperar-se e vencer o temor, as nuvens desta emoção se afastarão enfraquecidas; mas se o temor subsiste e aumenta, as nuvens descarregarão sua acumulada energia por meio do chakra umbilical, com risco de que o temor degenere em pânico e o indivíduo perca a cabeça, precipitando-se cegamente no perigo.

Da mesma maneira, aquele que se agasta e irrita, atrai nuvens de cólera e se expõe a um influxo emocional que transmuta sua indignação em fúria, de modo que, inconscientemente, pode cometer um homicídio por obcecação e arrebatamento. Analogamente, aquele que cede à depressão de ânimo arrisca-se a cair num estado de permanente melancolia, como também quem se deixa dominar por desejos bestiais pode converter-se num monstro de luxúria e sensualidade, e cometer crimes que o horrorizarão ao recuperar a razão.

Todas estas indesejáveis correntes chegam ao homem pelo chakra umbilical. Felizmente há outras e superiores possibilidades nas nuvens de amor e devoção, cuja energia receberá pelo chakra cardíaco quem sinta tão nobres emoções, e as intensificará admiravelmente, segundo o mostram as pranchas XI e XII da obra *O Homem Visível e Invisível*. As emoções que afetam o chakra umbilical do modo mencionado, estão indicadas na obra *Estudo Sobre a Consciência*, da doutora Besant, que divide as emoções nas duas grandes classes de amor e ódio.

As emoções de ódio afetam o chakra umbilical e as de amor, o cardíaco.

Diz a doutora Besant:

Vemos que o desejo tem duas expressões capitais: atração para possuir ou por-se em contato com um objeto que de antemão proporcionou prazer, e repulsão para repelir ou evitar o contato com um objeto que previamente infligiu dor. Vimos que a atração e a repulsão são as duas modalidades do desejo que domina o Eu.

Como a emoção é o desejo entremesclado com o intelecto, inevitavelmente tem de oferecer a mesma divisão em duas modalidades. Chama-se amor a emoção de índole atrativa que prazerosamente une dois objetos. É a energia integrante do universo. Chama-se ódio a emoção de índole repulsiva que dolorosamente separa dois objetos. É a energia desintegrante do universo. Tais são os dois troncos da raiz do desejo e deles brotam, como ramos, todas as emoções.

Disto deriva a identidade das características do desejo e emoção. O amor anela atrair o objeto atrativo ou vai empós dele para unir-se a ele ou ser por ele possuído. Da mesma forma que o desejo, liga com laços de prazer e felicidade, mas estes laços são mais complicados e duradouros por serem compostos de mais numerosas e sutis fibras muito complexamente entretecidas, se bem que o enlace de ambos os objetos, a essência do desejo atraente, seja a mesma essência do amor ou emoção atrativa. De igual maneira, o ódio procura eliminar de si o objeto repulsivo, ou foge para apartar-se dele, e repeli-lo ou ser repelido por ele. Separa pela dor e desdita; e assim a essência do desejo repelente, da separação dos objetos, é a mesma essência do ódio ou emoção repulsiva. Amor e ódio são as elaboradas e intelectivas formas dos elementais desejos de possuir e afastar[1].

Mais adiante expõe a doutora Besant, em sua citada obra, que cada uma destas duas capitais emoções se subdivide em três partes, segundo a força ou debilidade de quem as sinta.

---

(1) Annie Besant, *Estudio sobre la Conciencia*, págs. 286/8, Editorial Teosófica, 1922, Barcelona.

A benevolência é o amor que olha para baixo, para o inferior e para o débil; a veneração é o amor que olha para cima, para o superior e o forte. Assim, benevolência e veneração são as universais características comuns ao amor entre superiores e inferiores.

As relações ordinárias entre esposos e irmãos nos oferecem campo onde estudar as manifestações do amor entre iguais. Aqui vemos como o amor se mostra em mútua ternura e confiança, em consideração, respeito e desejo de comprazer, no esforço de cumprir os gostos alheios, em magnanimidade e doçura.

Também aqui se acham os elementos das emoções de amor entre superiores e inferiores, mas com o caráter de reciprocidade nelas impresso. Assim calha dizer que a característica comum do amor entre iguais é o desejo de auxílio mútuo.

Temos, portanto, que a benevolência, o mútuo auxílio e a veneração são as três divisões capitais da emoção de amor, e delas se derivam as demais emoções amorosas, pois todas as relações amorosas se resumem nestas três ordens: de superior para inferior, de igual para igual e de inferior para superior([1]).

Depois explica, analogamente, as emoções de ódio e diz:

O ódio ao inferior é menosprezo, e ao superior é medo. Igualmente, o ódio entre iguais se manifesta em cólera, hostilidade, desatenção, violência, agressividade, inveja e insolência, isto é, todas as emoções que repelem os rivais que se acham frente a frente e não lado a lado. A característica comum do ódio entre iguais é, pois, de mútuo agravo, e as três características capitais da emoção de ódio são menosprezo, agravo mútuo e medo([2]).

---

(1) Annie Besant, *Estudio sobre la Conciencia*, págs. 210/1, Editorial Teosófica, 1922, Barcelona.
(2) *Idem*, pág. 292.

CAPÍTULO III

A ABSORÇÃO DE VITALIDADE

O GLÓBULO DE VITALIDADE

Embora inconcebivelmente diminuto, é tão brilhante o glóbulo de vitalidade, que até os não clarividentes costumam vê-lo. Olhando para o horizonte longínquo, especialmente no mar, notarão alguns que roça com o firmamento certo número de pontinhos de luz, que se mexem por todos os lados com pasmosa rapidez. São os glóbulos de vitalidade, constituídos, cada um deles, por sete átomos físicos ultérrimos segundo o mostra a figura 5c. São as vidas ígneas ou grânulos carregados com a energia a que os hindus chamam *prana*.

É muito difícil compreender o exato significado desta palavra sânscrita, porque os métodos didáticos dos hindus diferem muitíssimo dos nossos, mas parece-me que, sem risco de erro, podemos tomar a palavra *prana* por equivalente de vitalidade.

Quando o glóbulo de vitalidade cintila na atmosfera, é de brilho quase incolor, e refulge com luz branca ou ligeiramente dourada. Mas quando entra no vórtice do chakra esplênico, se decompõe e quebra em raios de diversas cores, conquanto não com a mesma gradação ou gama dos raios do espectro solar. Os átomos componentes do glóbulo de vitalidade voltejam impelidos pelo vórtice do chakra e cada raio deste prende um daquele, de modo que o átomo amarelo fica preso num raio do chakra, o verde em outro e assim sucessivamente, enquanto que o sétimo átomo desaparece absorvido pelo centro do vórtice, semelhante ao cubo de uma roda. Os raios se prolongam então em diferentes direções e cada qual efetua seu trabalho especial na vitalização do corpo. A prancha VII representa diagramaticamente as direções do *prana* difundido.

Como disse, as cores da vitalidade ou *prana* não são exatamente as mesmas das do espectro solar, mas se parecem antes com as combinações cromáticas que vemos nos corpos causal, mental e astral. A cor anil se reparte entre o violeta e o azul, de modo que em vez de três cores achamos só duas; mas, em compensação, o vermelho se diferencia em duas cores; vermelho-rosado e vermelho-escuro. Portanto, as cores dos seis raios são: violeta-azulado, verde, amarelo, alaranjado e vermelho-escuro, enquanto que o sétimo átomo, cor-de-rosa, passa adiante pelo centro do vórtice[1].

Assim vemos que a constituição da vitalidade é sétupla; mas flui pelo corpo em cinco correntes principais, segundo o expuseram alguns tratados hindus, porque o azul e o violeta se fundem num só raio, e o alaranjado e o vermelho-escuro em outro raio, quando saem do chakra esplênico.

---

[1] A rigor, este átomo rosa é o primeiro, porque nele aparece originariamente a energia.

OS RAIOS

1. *Violeta-azulado.* — Dirige-se para a garganta, onde parece separar-se, de modo que o azul-pálido passa pelo chakra laríngeo e o aviva, enquanto que o violeta e o azul-escuro prosseguem para o cérebro, em cujas partes inferior e central fica o azul-escuro, seguindo o violeta até a parte superior para vigorizar o chakra coronário e difundir-se pelos novecentos e sessenta raios desse chakra.

2. *Raio amarelo.* — Dirige-se para o coração e, depois de efetuada ali a sua obra, uma porção passa para o cérebro e o satura, difundindo-se pelos doze raios do centro do chakra coronário.

3. *Raio verde.* — Este raio inunda o abdômen, e conquanto se centralize principalmente no plexo solar, vivifica o fígado, os rins, os intestinos e todo o aparelho digestivo em geral.

4. *Raio rosa.* — Este raio circula por todo o corpo ao longo dos nervos e é evidentemente a vitalidade do sistema nervoso; um indivíduo pode infundi-la a outro que a tenha deficiente. Se os nervos não recebessem esta vitalidade rosada, seriam impressionáveis até à irritação, e assim é que quando não a recebe suficientemente, o enfermo não pode permanecer muito tempo na mesma posição e não sente alívio ainda que tome outra. O mais leve ruído o atormenta e ele se acha num contínuo sofrimento. Mas se uma pessoa sã banha-lhe os nervos com vitalidade rosada, logo se alivia e experimenta uma salutar sensação de sossego e paz.

Um indivíduo de boa saúde absorve e adapta muito mais vitalidade rosada do que a necessária ao seu corpo; por isso está continuamente irradiando uma torrente de átomos rosados, de modo que inconscientemente infunde vigor nas pessoas fracas mais próximas, sem que isso diminua sua vitalidade. E também por um esforço de sua vontade pode acumular a energia restante e infundi-la deliberadamente em quem deseje auxiliar.

O corpo possui certa consciência peculiar, instintiva e cega, a que costumamos chamar o elemental físico, correspondente no mundo físico ao elemental do desejo no mundo astral. Essa consciência instintiva ou elemental física procura sempre resguardar o corpo de todo perigo ou lhe proporcionar o de que necessita. É completamente distinta da consciência do homem e funciona igualmente quando o ego se aparta do seu corpo físico. A este elemental físico ou consciência instintiva deve-se atribuir todos os nossos movimentos e atitudes instintivos como também o incessante funcionamento do sistema simpático, sem que de tal nos apercebamos nem pensemos.

Enquanto nos acharmos no estado de vigília, o elemental físico está em constante vigilância, em atitude de defesa, e mantém em tensão músculos e nervos. Durante o sono relaxa-os e dedica-se à assimilação da vitalidade para restaurar as forças do corpo físico, e com maior eficácia cumpre esta função durante a primeira metade da noite, quando há plenitude de vitalidade, porque de madrugada já está quase toda consumida a vitalidade que o sol emitiu durante o dia. Tal é o motivo da sensação de moleza que nos acomete de madrugada, e também a acusa de muitos enfermos morrerem nessas horas. Por isso diz acertadamente a sabedoria popular que uma hora de sono antes de meia-noite equivale a duas depois dessa hora.

A ação do elemental físico explica a influência restauradora do sono, que se pode observar ainda após ligeiro cochilo.

A vitalidade é o alimento do duplo etérico, e este a necessita tão imperiosamente como o corpo denso necessita do sustento material. Disso resulta que quando, por enfermidade, fadiga ou decrepitude, o chakra esplênico é incapaz de preparar o alimento para as células do corpo, o elemental físico procura extrair para seu próprio uso a vitalidade preparada em corpos alheios. E assim ocorre quando nos sentimos débeis e como que esgotados depois de havermos estado durante certo tempo junto de uma pessoa com falta de vitalidade, porque essa pessoa nos tomou os átomos rosados antes que pudéssemos assimilar sua energia.

O reino vegetal também absorve esta vitalidade, ainda que em muitos casos parece que só utiliza uma pequena parte. Algumas árvores extraem da vitalidade quase exatamente os mesmos constituintes que extrai a parte superior do duplo etérico do homem, e uma vez absorvidos os necessários, expelem precisamente os átomos rosados de que necessitam as células do corpo físico do homem.

Isso ocorre com árvores como pinho e o eucalipto, razão pela qual sua vizinhança infunde saúde e vigor nos neuróticos necessitados de vitalidade. São neuróticos porque as células do seu corpo estão famintas e a nervosidade só pode apaziguar-se alimentando-as, o que sói conseguir-se mais facilmente proporcionando-lhes do exterior a vitalidade rosada de que necessitam para se restabelecerem.

5. *Raio laranja-avermelhado.* — Penetra pelo chakra fundamental, donde vai para órgãos genitais, com os quais está intimamente relacionada uma parte

de seu funcionamento. Este raio não só contém as cores alaranjada e vermelha, mas também algo de purpúreo intenso, como se o espectro solar desse a volta em círculo e as cores começassem de novo em mais baixa escala.

No indivíduo normal este raio aviva os desejos carnais, e parece que também penetra no sangue e ajuda a manter o calor do corpo. Mas se o indivíduo persevera em repelir os incentivos de sua natureza inferior, este raio pode, mediante longos e deliberados esforços, desviar-se para o cérebro, onde suas três cores constituintes experimentam notável modificação, porque o alaranjado se transmuta em amarelo puro e intensifica as faculdades intelectuais; o vermelho-escuro se converte em vermelho-vivo ou carmesim, que aumenta poderosamente o amor não-egoísta, e o purpúreo intenso se transforma num belo violeta-pálido que aviva a parte espiritual da natureza humana. Quem alcança esta transmutação, já não se vê atormentado por desejos sensuais, e quando necessitar levantar as camadas superiores do fogo serpentino, se verá livre do mais grave perigo deste processo. Quando o indivíduo completou definitivamente tal transmutação, o raio laranja-avermelhado penetra diretamente pelo centro do chakra fundamental e flui pelos agulheiros das vértebras, ou conduto medular, até que sem obstáculos chega ao cérebro.

Parece que, segundo indica a Tabela 3, há certa correspondência entre as cores dos raios ou correntes de vitalidade que penetram pelos diversos chakras, e as cores atribuídas por Blavatsky aos princípios do homem na *Doutrina Secreta*.

Cores da vitalidade	Chakra por onde penetram	Cores dadas na Doutrina Secreta	Princípios representados
Azul-pálido	Laríngeo	Azul	Atma (invólucro áureo)
Amarelo	Cardíaco	Amarelo	Buddhi
Azul-escuro	Frontal	Anil	Manas superior
Verde	Umbilical	Verde	Manas inferior
Rosado	Esplênico	Vermelho	Astral
Violeta	Coronário	Violeta	Etérico
Laranja-avermelhado purpúreo	Fundamental e depois o coronário		

TABELA 3 — A VITALIDADE E OS PRINCÍPIOS HUMANOS

OS CINCO *VAYUS* PRÂNICOS

Os tratados hindus mencionam freqüentemente os cinco pricipais *vayus* prânicos, cuja situação assinala brevemente *samhita Gheranda*, como segue:

O *prana* atua sempre no coração; o *apana*, na esfera do ânus; o *samana*, na região do umbigo; o *udana*, na garganta; e o *viana* penetra todo o corpo.

Numerosos outros livros dão a mesma descrição e nada mais dizem acerca de suas funções, ainda que alguns acrescentem mais alguns informes, como seguem:

O ar chamado *viana* é a parte essencial de todos os nervos. O alimento, logo após ingerido, é decomposto em dois por esse ar. Ao entrar perto do ânus, separa as porções sólidas das líquidas. Ao colocar a água sobre o fogo e o sólido sobre a água, o *prana* que está debaixo do fogo, inflama-o lentamente. O fogo, inflamado pelo ar, separa a substância dos resíduos. O ar *viana* difunde a essência por todas as partes, e os resíduos são expulsos do corpo, forçados pelos doze portais(¹).

Os cinco ares assim descritos concordam adequadamente com as cinco modalidades de vitalidade que temos observado, segundo mostra a tabela seguinte:

Vayu prânico e região afetada	Raio de vitalidade	Chakra principalmente afetado
Prana-Coração	Amarelo	Cardíaco
Apana-ânus	Laranja-avermelhado	Fundamental
Samana-Umbigo	Verde	Umbilical
Udana-Garganta	Violeta-azulado	Laríngeo
Viana-Todo o corpo	Rosado	Esplênico

TABELA 4 — OS CINCO VAYUS PRÂNICOS

Nos tratados hindus a palavra *prana* costuma significar também alimento, talvez porque, ao respirar, absorvemos igualmente glóbulos de vitalidade. O principal objetivo da respiração é inalar oxigênio do ar, que passa aos pulmões, e expelir o nitrogênio com o qual está misturado na atmosfera. O glóbulo de vitalidade é o principal constituinte do átomo de oxigênio (figura 8).

---

(1) *Purana Garuda* XV: 40-43. Série dos Livros sagrados hinduístas. Tradução de Wood.

CONSTITUIÇÃO DO OXIGÊNIO			
Nível gasoso	Etéreo	Superetéreo	Subatômico

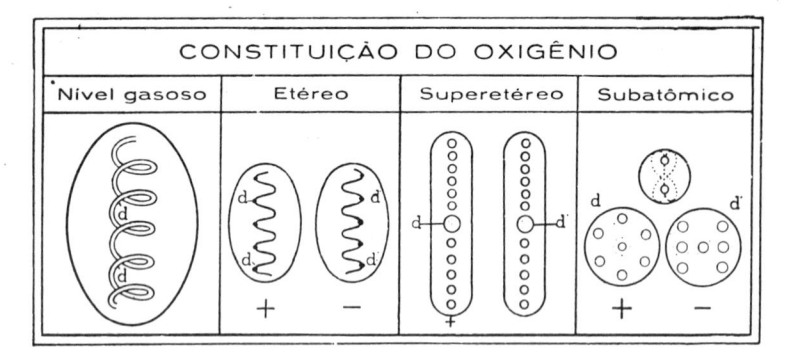

Fig. 8 — Constituição do oxigênio

Na *Química Oculta* ficou exposto que as dificuldades com que a doutora Besant e eu deparamos ao observar o oxigênio, foram muito maiores que as encontradas ao examinarmos o hidrogênio e o nitrogênio, por causa da extraordinária atividade desse elemento e do ofuscante brilho de alguns de seus constituintes. Quando o observamos em estado gasoso, o átomo de oxigênio aparece como um ovóide em cujo interior gira velozmente um corpo semelhante a uma espiral enroscada com cinco brilhantes pontos luminosos.

A espiral parece ser um sólido arredondado, mas ao transportar-se o átomo para o subplano etérico do plano físico, a espiral longitudinalmente se desdobra em duas tênues serpentes — uma positiva e outra negativa. Observa-se então que a aparente solidez provinha de que estas duas espirais enroscadas giram em torno de um eixo comum em direções opostas, de modo que oferecem o aspecto de uma superfície contínua, tal como ao dar voltas a uma brasa atada à extremidade de um fio, descreve-se no ar um círculo de fogo, ou quando se dão voltas de molinete a um toquinho aceso na ponta.

Os pontos brilhantes observados no átomo gasoso são encontrados no estado etérico na crista das ondas da serpente positiva e nos ocos da negativa. A serpente ou espiral enroscada consta de pequenos corpúsculos à maneira de grânulos, onze dos quais se interpõem entre os pontos de maior birlho.

Ao transportar-se o átomo de oxigênio para o subplano hiperetérico, quebram-se as serpentes, e cada ponto brilhante compreende seis grânulos de um lado e cinco do outro. Estes pontos com os seus grânulos se enroscam e entrelaçam com a mesma extraordinária atividade, semelhante a vaga-lumes girando velozmente. Os pontos brilhantes contêm cada um sete átomos ultérrimos, e os grânulos contêm apenas dois. No subplano subatômico os fragmentos das serpentes se desagregam, e os corpúsculos d e d', positivos e negativos, mostram diferente ordenação dos átomos que contêm.

Ao se desintegrarem estes corpúsculos no subplano atômico, deixam em liberdade 290 átomos físicos ultérrimos, dos quais 220 procedem de grânulos e 70, dos dez pontos brilhantes.

O corpúsculo positivo d é o glóbulo de vitalidade, de cuja virtude provém a extraordinária energia do oxigênio. O oxigênio, ao chegar aos pulmões na função respiratória, desprende os glóbulos de vitalidade que se combinam com outras substâncias para formar alguns dos principais constituintes do sangue. Assim é que, enquanto a vitalidade se difunde do baço por todo o duplo etérico, a "essência" mencionada no citado *Purana Garuda* se distribui por todo o corpo denso([1]).

---

(1) Consta que esta essência é denominada *rasa* no texto original, e bem pode significar sangue.

VITALIDADE E SAÚDE

O fluxo vital destas diversas correntes regula a saúde das partes do corpo por onde passa. Se uma pessoa sofre perturbações digestivas, quem possua vista etérica o saberá porque a corrente vital de cor verde será lenta ou escassa.

Se a corrente amarela é intensa e copiosa, produzirá o vigor e regularidade do funcionamento do coração, ao passo que ao fluir em torno do chakra cardíaco interpenetrará o sangue impelido pelo coração, e com ele se difundirá por todo o corpo. Contudo, também vai ao cérebro parte da corrente amarela, e parece que o vigor dos pensamentos metafísicos e filosóficos depende em grande parte do volume e intensidade da corrente amarela, com o correspondente despertar da flor dodecapétala situada no centro do chakra coronário.

Os altos pensamentos e nobres emoções de elevada espiritualidade parece dependerem em sua maior parte do raio violáceo, ao passo que o vigor dos pensamentos comuns é estimulado pela ação do azul mesclado com uma porção do amarelo. Nalgumas modalidades de idiotice há completa inibição dos fluxos de vitalidade amarela e azul-violácea, que deveriam banhar o cérebro. A extraordinária atividade ou grande volume do azul-pálido que penetra pelo chakra laríngeo, mantém a saúde e o vigor dos órgãos desta região do corpo; dá força e elasticidade às cordas vocais, de modo que nos oradores e cantores essa corrente parece dotada de muito brilho e atividade.

A debilidade ou doença em qualquer parte do corpo vai acompanhada da escassez ou falta de fluxo de vitalidade naquela parte.

OS ÁTOMOS DESCARREGADOS

À medida que efetuam a sua obra, as correntes de átomos vão descarregando a vitalidade neles contida, tal como se descarrega a energia de um acumulador elétrico. Os átomos rosados vão se empalidecendo gradualmente segundo passam pelos nervos, e no fim saem pelos poros para formar o que na obra *O Homem Visível e Invisível* chamamos "a aura de saúde".

Os átomos, ao saírem do corpo, perdem, em sua maioria, a cor rosada, de modo que em conjunto oferecem uma cor branco-azulada. A parte do raio amarelo absorvida pelo sangue também perde sua cor peculiar.

Os átomos assim descarregados de vitalidade passam a fazer parte de alguma das combinações que se efetuam constantemente no corpo, ou então saem pelos poros ou pelos condutos ordinários. Os átomos vazios do raio verde, relacionado principalmente com a digestão, parece que passam a fazer parte dos resíduos do corpo e com eles são expelidos. O mesmo sucede com os átomos do raio laranja-avermelhado no caso do homem comum. Os átomos dos raios azuis, correspondentes ao chakra laríngeo, saem do corpo no ato da expiração respiratória, e os do raio azul-escuro e do violeta saem pelo chakra coronário.

Quando o homem sabe refletir a corrente de cor laranja-amarelada de modo que ascenda pelo conduto medular, os átomos descarregados dessa corrente e os do violeta-azulado saem pelo chakra coronário em ígnea cascata que, conforme mostra a figura 2, se representa como uma chama nas antigas imagens de Buda e outros insignes santos. Tais átomos voltam a ser utilizados como veículos físicos de alguma das esplendentes e benéficas energias que os homens sumamente evoluídos irradiam do chakra coronário.

Depois de terem descarregado a energia vital, os átomos voltam ao estado de um átomo ordinário, sem outra diferença que a de haverem melhorado um pouco em virtude do uso a que foram destinados. O corpo absorve quantos átomos necessita para tomar parte nas diversas combinações que constantemente se efetuam no organismo físico, e os não necessários para tal propósito são eliminados pelo conduto mais conveniente.

O fluxo de vitalidade que penetra pelos chakras e a intensificação do fluxo não devem ser confundidos com o desenvolvimento do chakra, que se efetua pelo avivamento do aspecto superior do fogo serpentino numa ulterior etapa evolutiva do indivíduo, conforme veremos no capítulo seguinte. Todos nós absorvemos vitalidade e a especializamos, mas nem todos a utilizam completamente, porque em muitos aspectos nossas vidas são tão puras e sensatas quanto o deveriam ser.

Quem embrutece o seu corpo com o uso da carne, álcool e tabaco, não poderá aproveitar sua vitalidade tão completamente como o homem de costumes puros. Um indivíduo de hábitos viciosos pode ser, e amiúde o é fisicamente mais forte e robusto que outro de austera conduta; mas isto deve-se atribuir ao seu *karma* passado, porque, em igualdade de condições, o de conduta pura leva imensa vantagem.

Todas as cores da vitalidade são etéricas, ainda que sua ação se correlacione de certa forma com o significado dos matizes análogos do corpo astral. Os pensamentos e emoções harmônicos reagem no corpo físico e lhe aumentam o poder de assimilação da vitalidade requerida por seu bem-estar.

Conta-se que Buda disse certa ocasião que o primeiro passo no caminho para o Nirvana, é a perfeita saúde física. E por certo o melhor meio de consegui-la é o que Buda assinalou no Nobre Óctuplo Caminho· "Buscai primeiramente o reino de Deus e sua justiça, e o demais vos será dado por acréscimo." Também nos será conferida a saúde do corpo físico.

VITALIDADE E MAGNETISMO

A vitalidade circulante pelos nervos não deve ser confundida com que se chama o magnetismo humano, que é o fluido peculiar dos nervos especializado no conduto medular e constituído pela energia primária misturada com o *kundalini*. Este fluido magnético mantém a constante circulação da matéria etérica pelos nervos, correspondente à circulação do sangue pelas artérias e veias; e assim como o sangue leva o oxigênio a todas as partes do corpo, assim também a corrente etérica conduz a vitalidade pelos nervos.

As partículas do duplo etérico transformam-se incessantemente, tal como as do corpo denso. Com os alimentos que comemos e o ar que respiramos ingerimos matéria etérica que é assimilada pelo duplo etérico. Pelos poros eliminam-se constantemente matéria etérica e gasosa, de modo que quando duas pessoas estão em íntimo contato, cada uma delas absorve grande porção das emanações físicas da outra.

O hipnotizador concentra, por um esforço de vontade, grande quantidade de tal magnetismo e projeta-o sobre o paciente, cujo fluido nervoso repele para substituí-lo pelo que emite.

Sendo o cérebro, como é, o centro da circulação nervosa, parte do corpo afetado pelo fluido magnético fica sob o domínio do cérebro do hipnotizador, em vez de estar sob o domínio do cérebro do paciente, de modo que este experimenta tudo quanto o hipnotizador lhe sugere. Se o cérebro do paciente fica vazio de seu próprio magnetismo e cheio do magnetismo do hipnotizador, este poderá dominar aquele de modo que só pense e faça o que lhe sugerir, pois temporariamente o tem sob seu completo domínio.

Ainda nos casos de magnetização e hipnotismo terapêuticos, o magnetizador infunde no paciente muito de suas emanações pessoais em união com as correntes de vitalidade, e deste modo é evidentemente possível que, se o magnetizador padece de alguma enfermidade, possa contagiar o paciente. Mas ainda que a saúde do magnetizador seja perfeita, também há enfermidades mentais e morais como as fisiológicas; e como o magnetizador projeta no paciente matéria astral e mental com as correntes físicas, arrisca-se a contagiá-lo com essas enfermidades.

Contudo, se o magnetizador é homem de puros pensamentos e cheio do ardente desejo de beneficiar o próximo, pode contribuir bastante para aliviar os sofrimentos alheios, se se der ao trabalho de estudar o problema das correntes que entram no campo pelos chakras e fluem pelos nervos.

Que infunde o magnetizador no paciente? Fluido nervoso ou também vitalidade, ou ambas as coisas ao mesmo tempo.

Se o paciente está tão sumamente débil e esgotado que é incapaz de especializar a vitalidade, o magnetizador pode ministrar-lhe a necessária, infundindo-lhe a sua nos trêmulos nervos, para o enfermo recuperar rapidamente a saúde.

Este processo é análogo ao da nutrição. Quando o paciente chega a tal estado de debilidade que o estômago não digere, o corpo não pode nutrir-se tampouco, e por isso aumenta a debilidade. O remédio em tal caso é proporcionar ao estômago alimentos já digeridos por meio da pepsina ou outros preparados análogos de fácil assimilação para restaurar as forças.

Da mesma maneira, o indivíduo incapaz de especializar por si mesmo a vitalidade, pode absorvê-la especializada por outro, e esforçar-se em recobrar o funcionamento normal dos órgãos etéricos. Isto é o suficiente em muitos casos de debilidade.

Há outros casos em que um ponto qualquer se congestiona e a vitalidade não circula devidamente, porque seu veículo nervoso retarda-se pela enfermidade. Convém então substituí-lo por saudável matéria etérica nervosa, procedente do exterior, e há vários meios de consegui-lo. Alguns magnetizadores empregam para isso a violência, infundindo energicamente seu próprio éter na parte doente, com a esperança de expulsar dali o que é preciso substituir. É possível obter êxito deste modo, apesar do consumo muito maior de energia do que a necessária.

Processo mais científico é o que age com maior suavidade; elimina primeiro a matéria congestionada ou enferma, e a substitui depois por matéria etérica sã, para estimular pouco a pouco a atividade da preguiçosa corrente. Por exemplo, se o indivíduo tem dor de cabeça, é porque seguramente a matéria etérica se terá congestionado nalgum ponto do cérebro, e a primeira coisa que convém fazer será eliminar essa matéria.

Como se consegue? Da mesma maneira que a emissão da energia magnética, isto é, por um esforço de vontade. Não devemos esquecer que a matéria sutil é facilmente modelada ou afetada pela ação da vontade humana. Por muitos passes que faça o magnetizador, esses serão tão-somente o apontar de sua arma para determinada direção, enquanto que a sua vontade é a pólvora que impele o projétil e produz o resultado, ou seja, a emissão do fluido.

O magnetizador que saiba bem o que faz, pode obter o mesmo resultado através de passes ou sem recorrer a eles. Conheci um que se valia apenas do olhar fixo no paciente. A mão serve unicamente para concentrar o fluido, e ocasionalmente, para favorecer a imaginação do magnetizador pois para querer fortemente tem de crer, também firmemente, e sem dúvida o gesto manual lhe facilita a operação.

Da mesma forma que o hipnotizador ou magnetizador pode emitir magnetismo por um esforço de sua vontade, também pelo mesmo esforço pode descarregar o paciente do magnetismo que lhe infundiu, e neste caso pode valer-se do auxílio dos passes manuais.

Se se trata de uma dor de cabeça, o hipnotizador colocará as mãos sobre a fronte do paciente e as imaginará como esponjas que absorvem o deletério magnetismo do cérebro. Notará imediatamente que, com efeito, está produzindo o resultado que imagina, pois se não toma a precaução de rejeitar o nocivo magnetismo segundo o vá absorvendo, lhe sobrevirá a dor de cabeça, ou lhe ficarão doloridos os braços e a mão com que efetuar a operação, porque a matéria enferma inoculada pode afetar-lhe a saúde e convém eliminá-la antes que se apodere de seu corpo.

Portanto, deve seguir para isso determinado processo, e o mais simples é o de fazer com as mãos o gesto de atirá-los como se atirasse água para fora

Ainda que o hipnotizador não a veja, a matéria que extraiu é física, e assim podemos tratá-la por meios físicos.

Conseqüentemente, é necessário que o hipnotizador não descuide destas precauções, nem deixe de lavar escrupulosamente as mãos depois de curar um enfermo de dor de cabeça ou outra doença da mesma espécie.

Uma vez eliminada a causa da enfermidade, passa a magnetizador a carregar o enfermo de saudável magnetismo e a resguardá-lo contra recaída na enfermidade. Este processo tem múltiplas vantagens na terapêutica mental das afecções nervosas, muitas das quais consistem no transtorno circulatório dos fluidos que passam pelos nervos, e que, ou se congestionam, ou são muito tardios ou muito rápidos, ou escassos em quantidade ou de má qualidade

Os medicamentos de toda classe só têm eficácia no nervo físico e muito pouca nos fluidos circulantes, enquanto que o magnetismo atua diretamente sobre os fluidos e penetra diretamente na raiz do mal.

CAPÍTULO IV

DESENVOLVIMENTO DOS CHAKRAS

FUNÇÕES DOS CHAKRAS DESPERTOS

Além de manter vivo o corpo físico, os chakras desempenham outra função quando estão em atividade. Cada chakra etérico corresponde a outro astral; mas como este é um vórtice de quatro dimensões, tem uma extensão de que carece o vórtice do chakra etérico, e portanto, não podem coincidir exatamente ambos os chakras, ainda que coincidam nas três dimensões do etérico.

O chakra etérico está sempre na superfície do duplo etérico, enquanto que o chakra astral está freqüentemente no interior do corpo astral.

Os chakras etéricos em plena atividade, ou completamente despertos, transferem para a consciência física toda qualidade inerente no correlativo chakra astral. Assim é que antes de catalogar os resultados dimanantes do despertar à plena atividade dos chakras etéricos, convém considerar a função dos chakras astrais, conquanto estes já estejam em plena atividade em todas as pessoas cultas das últimas raças. Assim, pois, que efeito produz no corpo astral o avivamento dos chakras astrais?

CHAKRAS ASTRAIS

O primeiro destes chakras, como já dissemos, é o foco do *kundalini* ou fogo serpentino, existente em todos os planos e cuja atividade desperta os demais chakras.

Devemos considerar o corpo astral como se originariamente houvesse sido uma massa quase inerte com consciência muito vaga, sem definida capacidade de atuação nem claro conhecimento do mundo circundante. Portanto, o primeiro que sucedeu foi o despertar do fogo serpentino no homem astral. Uma vez atualizada essa energia, passou ao segundo chakra astral, correspondente ao esplênico físico, por cujo meio vitalizou todo o corpo astral, capacitando o homem astral a viajar conscientemente, embora ainda com vago conceito do que encontrava em suas viagens.

Depois o *kundalini* passou para o terceiro chakra astral, correspondente ao umbilical físico, e o vivificou despertando no corpo astral a faculdade de receber toda classe de sensações, embora ainda sem percebê-las claramente.

A vivificação do quarto chakra astral correspondente ao cardíaco físico, capacitou o homem a receber e compreender as vibrações de outras entidades astrais, e simpatizar com elas de modo que conhecesse instintivamente seus sentimentos.

O despertar do quinto chakra astral, correspondente ao laríngeo, conferiu ao homem a faculdade de audição no plano astral, isto é, atualizou-lhe o sentido que no mundo astral produz em nossa consciência o mesmo efeito que no mundo físico chamamos audição.

O despertamento do sexto chakra astral, correspondente ao situado entre as sobrancelhas, produziu analogamente a visão astral ou faculdade de perceber clara e distintamente a forma e a natureza dos objetos astrais, em vez de sentir vagamente sua presença.

O despertar do sétimo chakra astral, correspondente ao coronário, completava a vida astral do homem e aperfeiçoava suas faculdades.

A respeito do sétimo chakra astral parece existir alguma diferença segundo o tipo a que pertença o homem. Em muitos indivíduos, os vórtices do sexto e sétimo chakras astrais convergem ambos ao corpo pituitário (figura 9), que em tal caso é o único enlace direto entre o corpo físico denso e os corpos superiores de matéria relativamente sutil.

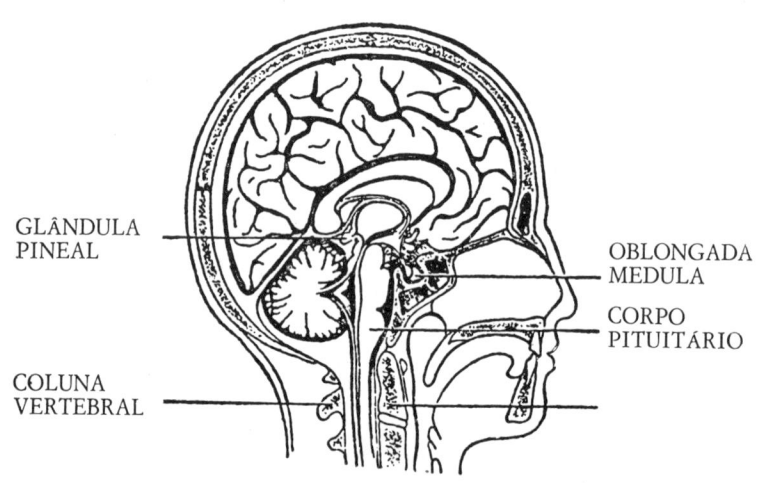

Fig. 9 — Corpo pituitário e glândula pineal

Mas noutros indivíduos, embora ainda aliem o sexto chakra astral com o corpo pituitário, inclinam o sétimo até o seu vórtice coincidir com o atrofiado órgão chamado glândula pineal (figura 9) que em tal caso se reaviva e estabelece ligação direta com o mental inferior sem passar pelo intermediário comum do astral. A este tipo de homens se referia Blavatsky, ao ponderar a importância do despertar da glândula pineal. Também a doutora Besant diz que tal despertar se inicia em diferentes planos, conforme o indivíduo. A este propósito transcrevemos a seguinte passagem de sua obra *Estudo Sobre a Consciência:*

> A construção dos centros e a sua gradual organização em rodas ou chakras, pode começar em qualquer veículo. Em cada indivíduo começará no veículo correspondente ao tipo especial de seu temperamento, que dará a tônica de maior atividade na construção de todos os seus veículos e a sua gradual conversão em instrumentos eficazes para que a consciência se manifeste no plano físico. Assim teremos que o centro de atividade poderá estar em qualquer dos corpos físicos, astral, mental, causal ou outro ainda superior, segundo o tipo do temperamento individual, e dali atuará para cima ou para baixo, para modelar veículos capazes de servir de expressão a esse temperamento(1).

SENTIDOS ASTRAIS

De certo modo e até certo ponto, os chakras astrais podem ser considerados como os sentidos do corpo astral. Mas convém definir este conceito para evitar erros, porque não se deve esquecer que, embora para melhor compreensão falemos da visão e audição astrais, estas expressões significam a faculdade de responder às vibrações transferíveis à consciência do ego, quando atua no corpo astral, da mesma forma pela qual transfere para sua consciência as percepções

---

(1) Annie Besant, *Estudio Sobre la Conciencia*, págs. 208/9, Editorial Teosófica, 1922, Barcelona.

visuais e auditivas, recebidas pelos olhos e ouvidos do corpo físico.

Mas na atuação astral não se necessita de órgãos especializados para conseguir tal resultado, pois em todo o corpo astral há matéria capaz de responder às vibrações procedentes do exterior. Por conseguinte, ao atuar o ego no veículo astral, tanto vê os objetos que estão adiante como os que estão atrás de si e em cima, embaixo, dos lados, sem necessidade de girar a cabeça.

Assim, pois, a rigor não podemos considerar os chakras astrais como órgãos sensórios, pois não é por eles que o homem astral vê ou ouve, tal qual o homem físico pelos olhos e ouvidos. Contudo, a percepção astral depende do despertar dos chakras astrais, porque cada um, ao despertar para a plena atividade, dá ao corpo astral a virtude de responder a uma nova ordem de vibrações.

Com todas as partículas do corpo astral estão em incessante movimento como as da água em ebulição, todas elas passam sucessivamente por cada chakra, o qual, por sua vez, nelas infunde a virtude de responder a determinada ordem de vibrações, de modo que todos os pontos do corpo astral são igualmente perceptivos. Mas ainda que a percepção astral seja completa, nem por isso pode o homem transferir para a consciência física qualquer conseqüência de sua atuação astral.

DESPERTAR DO KUNDALINI

Enquanto se ia vivificando o corpo astral como indicamos, o homem físico desconhecia por completo o processo, e a única maneira de identificar as consciências física e astral é o despertar dos chakras etéricos, o que se pode alcançar por vários meios, segundo a escola de Ioga que o estudante tenha aceito.

Na Índia existem sete escolas, de Ioga, a saber: Raja, Karma, Jnana, Hatha, Laya, Bhakti, Mantra.

Já me referi sucintamente a estas escolas ou sistemas de Ioga na segunda edição do livro *Os Mestres e a Senda*, e o professor Wood descreveu-os satisfatoriamente em sua obra: *Raja-Yoga; the occult training of the Hindus*.

Todos os sistemas de Ioga reconhem a existência e importância dos chakras, mas cada qual emprega um método distinto para desenvolvê-los. O do Raja-Ioga consiste em meditar sucessivamente sobre cada um deles e em despertá-los por puro esforço de vontade. É um método muito recomendável.

A escola que presta maior atenção aos chakras é a do Laya-Ioga, cujo método consiste em atualizar as potencialidades superiores do fogo serpentino e introduzi-lo sucessivamente em todos os chakras.

Esta atualização das potencialidades superiores do fogo serpentino necessita de um deliberado e perseverante esforço de vontade, porque para por o primeiro chakra em plena atividade é preciso avivar as camadas internas do fogo serpentino, e uma vez vivificado, o chakra fundamental vivifica com sua formidável energia todos os demais, dando como resultado o transporte à consciência física das faculdades atualizadas pelo despertar de seu chakra astral correspondente.

DESPERTAR DOS CHAKRAS ETÉRICOS

Quando se desperta à plena atividade o chakra esplênico, o homem é capaz de recordar-se de suas viagens astrais, ainda que às vezes só parcialmente. Se estimularmos de maneira leve e acidental o chakra esplênico, costuma-se produzir a reminiscência da beatífica sensação de voar pelos ares.

Quando se põe em plena atividade o chakra umbilical, começa o homem físico a perceber toda classe de influências astrais, compreendendo vagamente que algumas delas são amistosas e outras hostis, e que umas paragens são agradáveis e outras repulsivas, sem saber por que.

A vivificação do chakra cardíaco dá ao homem físico o conhecimento instintivo das alegrias e tristezas do próximo, e às vezes o move a reproduzir em si mesmo, por simpatia, as dores alheias.

O despertar do chakra laríngeo capacita o homem físico a ouvir vozes que costumam sugerir-lhe idéias de toda classe. Também às vezes ouve música e outros sons agradáveis. Quando está em plena atividade confere ao homem físico a clarividência etérica e astral.

A vivificação do chakra frontal capacita o homem físico a ver lugares e pessoas distantes ou astrais.

Nas primeiras fases de desenvolvimento só há vislumbres de paisagens e nuvens de cor, mas sua plena atividade confere clarividência.

O despertamento do chakra fundamental está relacionado com a faculdade da visão microscópica, isto é, de ver aumentados os objetos físicos invisíveis à simples visão corporal.

Do centro do chakra frontal projeta-se um tênue e flexível tubo de matéria etérica, semelhante a uma serpente microscópica com uma espécie de olho em seu extremo. É o órgão peculiar desta modalidade de clarividência, e o olho terminal pode dilatar-se ou contrair-se para alterar a potência aumentativa segundo o tamanho do objeto que se examina. Isto é o que significam os livros antigos ao falarem da virtude que pode ter um homem de tornar-se grande ou pequeno, voluntariamente. Para examinar um átomo, o clarividente emprega um órgão de visão de tamanho adequado ao do átomo.

A serpente projetada do chakra frontal teve seu símbolo no toucado dos reis do Egito, aos quais, como aos sumos sacerdotes daquele país, se atribuía a clarividência entre outras faculdades ocultas.

Quando o chakra coronário está plenamente ativo, o ego pode sair por ali e deixar conscientemente o seu corpo, bem como retornar a ele sem a interrupção ordinária, de modo que estará consciente noite e dia.

Quando o fogo serpentino houver passado por todos os chakras, seguindo uma ordem variável de acordo com o tipo de cada homem, a consciência não se interrompe até a entrada no mundo celeste, ao terminar a vida astral de modo que não haverá diferença entre a temporária separação do corpo físico durante o sono e a definitiva no momento da morte.

CLARIVIDÊNCIA EVENTUAL

Antes de chegar ao estado a que nos referimos, pode ter o homem físico alguns vislumbres do mundo al, porque às vezes certas vibrações de insólita violência estimulam e põem um ou outro dos chakras em temporária atividade, sem que por isso se avive o fogo serpentino, ainda que possa suceder igualmente que este fogo se avive em parte e determine, entretanto, clarividência espasmódica. Porque, como já dissemos, o *kundalini* ou fogo serpentino tem sete camadas ou graus de energia, e habitualmente sucede que quem esteja exercendo sua vontade com o propósito de despertar esta energia, só consiga avivá-la num grau. Então, convencido de que já terminou a sua obra, acabará vendo que não lhe dá os resultados que esperava, e terá de reencetá-la várias vezes, aprofundando mais e mais até reavivar o fogo serpentino.

PERIGO DA ATUALIZAÇÃO PREMATURA

O *kundalini*, esta ígnea energia, como a chama *A Voz do Silêncio*, é em verdade semelhante a um fogo líquido que se difunde por todo o corpo quando a vontade o atualizou e circula em espiral qual uma serpente. Em plena atividade se lhe pode denominar a Mãe do Mundo, porque vivifica os diversos veículos humanos, de modo que o ego seja consciente em todos os mundos.

No homem comum, o *kundalini* está latente no chakra fundamental, sem que em toda a sua vida terrena ele note ou lhe suspeite a presença. E muito melhor é que permaneça assim latente até que o homem tenha feito definidos progressos morais, com vontade bastante forte para dominá-lo e pensamentos suficientemente puros para arrostar sem dano sua atualização. Ninguém deve tentar manejá-lo sem instruções concretas de um conhecedor do assunto, pois são muito graves e terríveis os perigos que envolvem, alguns deles puramente físicos, de modo que sua atuação indisciplinada ocasionará agudíssimas dores com o dilaceramento dos tecidos, podendo mesmo provocar a morte do incauto. Contudo, este último é o dano mais leve, porque pode, além disso, acarretar perduráveis transtornos aos veículos superiores ao físico.

Uma das mais freqüentes conseqüências de ativar prematuramente o fogo serpentino, é o de fluir para baixo do corpo em vez de subir, e o de excitar as mais torpes paixões, intensificando-as até o ponto de ser impossível ao homem dominá-las ou sequer resisti-las, porque atualizou uma energia ante a qual está tão perdido como um nadador nas mandíbulas do tubarão.

Tais indivíduos convertem-se em sátiros, em monstros de depravação, porque estão nas garras de uma energia muito superior à ordinária resistência do homem. Provavelmente adquirirão certas faculdades psíquicas, mas de tal natureza que ficarão em contato com uma ordem inferior de evolução com a qual não deve relacionar-se a Humanidade, e para se livrarem de semelhante escravidão poderão necessitar mais de uma encarnação no mundo terreno.

Não exagero o horror deste estado, como o exageraria quem o conhecesse apenas de ouvido. Tenho sido consultado por pessoas laceradas por tão terrível moléstia, e com meus próprios olhos vi tudo quanto lhes sucedia. Há uma escola de magia negra que de propósito utiliza o fogo serpentino para ativar certo chakra inferior, do qual nunca se valem os observadores da Boa Lei.

Alguns autores negam a existência de tal chakra, haver iogues dravidianos que ensinam seus discípulos mas os brâmanes da Índia meridional me asseguram a usá-lo, ainda que não precisamente com fim maligno. Não obstante, o risco é demasiado grave para se expor a ele, quando, por meio mais seguro, é possível obter o mesmo resultado.

Ainda além deste seu maior perigo, a atualização prematura dos aspectos superiores do *kundalini* tem muitas outras funestas possibilidades, pois intensifica tudo quanto existe na natureza humana e influi mais nas baixas e malignas qualidades do que nas boas. Por exemplo, no corpo mental desperta-se vivamente a insana ambição que muito depressa atinge um incrível grau de desordenada intensidade. Provavelmente aumentará as faculdades intelectuais, mas ao mesmo tempo engendrará um satânico orgulho, inconcebível ao homem comum.

Não é prudente crer que qualquer um esteja preparado para enfrentar esta ou aquela energia que se atualize em seu corpo, pois não será das modalidades comuns, e sim de intensidade irresistível. Portanto, nenhum ignorante deve tentar despertá-las, e se alguém nota que despertaram eventualmente deve consultar, nesse caso, pessoa que conheça profundamente a questão.

De propósito me abstenho de explicar a maneira de atualizar o fogo serpentino, nem como, depois de atualizada esta energia, se há de fazê-la passar pelos diversos chakras, porque de nenhum modo se deve tentar semelhante coisa, a não ser por expressa sugestão de um Mestre que vigie seu discípulo durante as sucessivas etapas do processo.

Aconselho solenemente aos estudantes que se abstenham de todo esforço para atualizar tão formidável energia, a não ser sob a tutela de um Mestre, porque presenciei muitos casos dos terríveis efeitos da intromissão mal informada e mal dirigida nesses gravíssimos assuntos. O *kundalini* é uma tremenda realidade, um dos fenômenos capitais da natureza, e não é coisa para brincadeira nem divertimento fútil, porque manejá-lo sem compreendê-lo é muito mais perigoso do que uma criança brincar com dinamite. Com razão diz desta energia um livro hindu: Liberta o iogue e escraviza o insensato"([1]).

Em assuntos como este os estudantes imaginam, às vezes, que as leis da natureza farão alguma exceção a seu favor, ou que alguma intervenção providencial salvá-los-á das conseqüências de sua loucura. Certamente não sucederá nada disto, e quem protervamente provoca uma explosão expõe-se a ser a primeira vítima. Muitas tribulações e desalentos evitariam para si os estudantes se compreendessem que tudo quanto dizemos sobre ocultismo tem significado exatamente literal e se aplica a todos os casos sem exceção, porque não há favoritismo nem privilégios nem exceções na ação das leis capitais do universo.

Todos desejam realizar quantas experiências sejam possíveis, e todos se presumem com suficiente preparação para receber os mais altos ensinamentos e para o mais adiantado desenvolvimento; mas ninguém quer trabalhar pacientemente na melhora do seu caráter, nem empregar tempo nem energias em serviço da Sociedade, ao passo que aguarda que um Mestre lhe anuncie que já está preparado para seguir adiante. Aproveito este ensejo para repetir aqui o antigo aforismo eternamente válido. "Buscai primeiro o reino

---

(1) *The Hatha Yoga Pradipika*, III: 107.

de Deus e sua justiça, e o mais se vos dará por acréscimo."

Halguns casos atualizam-se espontaneamente os graus inferiores do fogo serpentino, de modo que se observa um mortiço esplendor, e mesmo é possível, embora mui raramente, que comece a mover-se. Quando isto ocorre, pode ocasionar viva dor, pois os condutos não estão dispostos para a passagem, e a energia os tem de abrir queimando grande quantidade de escórias etéricas, com grave sofrimento do indivíduo.

Ao despertar espontaneamente o fogo serpentino, ou ao ser atualizado por algum acidente, a energia propende a passar pelo conduto medular, seguindo o mesmo caminho já tomado pela sua manifestação inferior e moderada. Sendo possível, tem de se deter o movimento por um esforço de vontade; mas se não se o conseguir com isto, como será o mais provável, não é motivo para alarmar-se, porque é muito comum sair pela cabeça, sem outro dano que uma ligeira debilidade. O pior neste caso será uma temporária perda de consciência. O horrível perigo não está em que a energia ascenda, senão em que desça e se interne pela coluna vertebral abaixo.

A principal função do *kundalini* quanto ao desenvolvimento oculto do homem, é que ao passar pelos chakras etéricos ele os aviva e converte em mais eficazes pontos de conexão entre os corpos físicos e astral. Diz *A Voz do Silêncio* que quando o fogo serpentino chega ao chakra frontal, põe-no em plena atividade e confere ao homem a virtude de ouvir a voz do Mestre, que neste caso significa a voz do Eu superior. Baseia-se esta informação em que, quando o corpo pituitário funciona ordenadamente, serve de perfeito enlace com o veículo astral, de modo que por seu intermédio se transmitem todas as comunicações procedentes do interior.

Não só este chakra, mas todos os superiores, ter-se-ão de atualizar plenamente e responder a toda espécie de influências dos subplanos astrais. Tal atualização chegará a seu devido tempo, mas não poderão alcançá-la nesta vida terrena aqueles que pela primeira vez hajam tomado a sério este assunto. Alguns hindus talvez o consigam logo, porque seus corpos são mais adaptáveis por herança; mas a maioria de todos que na vida atual estudam os chakras, terá de esperar seu pleno despertar noutra vida.

Em cada encarnação se há de repetir o domínio do fogo serpentino, pois renovam-se constantemente os veículos físico, astral e mental inferior; mas se numa vida precedente se conseguiu subjugá-lo, serão muito fáceis as repetidas subjugações.

Convém recordar que a ação do fogo serpentino difere segundo o tipo de indivíduo, e assim alguns verão seu Eu superior antes de lhe ouvir a voz. Demais, a relação entre o inferior e o superior passa por muitos graus, pois para a personalidade significa a influência do ego, enquanto que para o ego significa a influência da mônada, e para a mônada significa a consciente expressão do Logos.

EXPERIÊNCIA PESSOAL

Será de alguma utilidade mencionar minha experiência pessoal sobre este ponto. Durante os primeiros anos de minha residência na Índia, há mais de quatro décadas, não me esforcei por despertar o fogo serpentino, nem sabia grandes coisas sobre ele, pois parecia-me que para manejá-lo seria necessário ter eu nascido com um corpo físico especial que não possuía. Mas um Mestre me ensinou que com certa classe de meditação eu despertaria o fogo serpentino. Pus logo em prática o conselho e com o tempo consegui o meu propósito. Contudo, não tenho dúvidas de que o Mestre vigiava o processo e me teria detido em caso de perigo. Dizem-me que alguns ascetas hindus ensinam a seus discípulos a maneira de atualizar o *kundalini*, vigiando-os cuidadosamente durante todo o processo. Mas não conheço nenhum destes ascetas, e mesmo que os conhecesse não confiaria neles, a menos que me fossem recomendados por alguém que eu soubesse possuir conhecimento verdadeiro.

Amiúde muitos me pedem que eu lhes aconselhe o que têm de fazer para atualizar o fogo serpentino, e digo-lhes que façam o mesmo que eu fiz, ou seja, que se entreguem à obra teosófica e esperem receber a ordem concreta de algum Mestre que se digna dirigir seu desenvolvimento psíquico e continuar entrementes os ordinários exercícios de meditação.

Não devem preocupar-se se o despertar da energia serpentina sobrevenha na vida atual ou na seguinte, senão que hão de considerar o assunto do ponto de vista do ego e não da personalidade, com a absoluta certeza de que os mestres estão sempre à vista daqueles aos quais podem auxiliar, sem que ninguém lhes passe inadvertido, e que indiscutivelmente darão em tempo oportuno suas instruções.

Nunca ouvi dizer que o desenvolvimento psíquico tivesse limite de idade, e portanto, não creio que a idade seja para isso obstáculo, contanto que o indivíduo goze de perfeita saúde, pois a saúde é condição necessária, porque só um corpo robusto pode suportar o esforço, muito mais vigoroso do que o podem imaginar aqueles que não têm feito esforço algum.

Uma vez atualizada a energia do *kundalini*, tem de ser rigorosamente dominada e dirigida para os chakras, numa ordem que difere segundo o tipo do indivíduo. Para que a energia se mova eficazmente, é indispensável dirigi-la em determinado sentido, que o Mestre explicará em tempo oportuno.

A TELA ETÉRICA

Já disse que os chakras astrais e etéricos estão em íntima correspondência; mas entre eles, e interpenetrando-os de maneira difícil de descrever, há uma cobertura ou tela de textura compacta, constituída por uma camada de átomos físicos ultérrimos muito comprimidos e banhados por uma especial modalidade de energia vital.

A vida divina que normalmente desce do corpo astral ao físico, está sintonizada de modo a passar pela tela com toda a facilidade, mas essa tela constitui uma barreira intransponível para as demais modalidades de energia que não podem utilizar a matéria atômica dos planos físicos e astral, e assim é ela o instrumento natural para impedir a prematura comunicação entre os planos, o que seria irremediavelmente prejudicial.

Essa tela impede em condições normais a clara recordação do ocorrido durante o sono, e é a causadora da temporária inconsciência que se segue sempre à morte.

Sem a misericordiosa provisão da tela etérica, o homem comum, que nada sabe destas coisas e está completamente desprevenido contra elas, poderia ser em qualquer momento vítima de uma entidade astral que o pusesse sob a influência de energias irresistíveis. Ou então estaria exposto à constante obsessão por parte de qualquer entidade astral desejosa de se apoderar de seus veículos.

Compreende-se pois que um defeito ou dano nesta tela, ocasionaria terrível desastre. Muitas maneiras há de estropiar a tela, e portanto, devemos esforçar-nos diligentemente por evitá-los. Pode estropiar-se por acidente ou por algum hábito. Uma violenta sacudida do corpo astral, ocasionada por um terrível pasmo, pode dilacerar de lado a tela e enlouquecer o indivíduo([1]). Também pode produzir o mesmo efeito um tremendo arrebatamento de cólera ou qualquer outra violentíssima emoção de índole sinistra.

OS EFEITOS DE ÁLCOOL E NARCÓTICOS

São de duas classes os hábitos viciosos ou práticas nocivas que podem estropiar a tela protetora: o uso do álcool e os narcóticos, ou o empenho de abrir portas que a natureza mantém fechadas, por meios como os descritos nalguns comunicados espiritistas.

Certos alcalóides e bebidas, sobretudo o álcool e os narcóticos, inclusive o tabaco, contêm substâncias que ao se decomporem se volatilizam. Algumas delas passam do plano físico para o astral([2]) através dos chakras, em direção oposta à normal, de modo que a

---

(1) Sem dúvida há também outros casos em que um violento espanto pode ocasionar a loucura.

(2) Também o café e o chá contêm os respectivos alcalóides cafeína e teína, mas em quantidades tão exíguas que só após longo abuso se notam os efeitos nocivos.

repetição desta anormalidade deteriora gravemente e finalmente destrói a delicada tela protetora.

Esta deterioração e destruição podem ocorrer de duas maneiras distintas, segundo o tipo do indivíduo e a proporção das substâncias nocivas contidas em seu duplo etérico e em seu corpo astral. Em primeiro lugar, as substâncias volatilizadas queimam a tela e com isso abrem a porta a toda classe de energias bastardas e influências malignas. Em segundo lugar, tais substâncias volatilizadas, ao passarem pelo átomo físico ultérrimo, o endurecem e impedem suas pulsações, de modo que já não o pode vitalizar a especial energia que os entrelaça, resultando disso algo assim como uma ossificação da tela que intercepta as comunicações entre um plano e outro.

Podemos observar no bêbado habitual os efeitos de ambas as classes de deterioração. Os que franqueiam a passagem às nocivas influências se tornam loucos, obsedados ou morrem delirantes, ainda que sejam raros os deste tipo. Mais freqüente é a deterioração por obstrução, que debilita as faculdades e mergulha o indivíduo no grosseiro sensualismo e brutalidade, sem o mais leve sentimento de delicadeza e possibilidade de autodomínio. Perde o sentimento de responsabilidade, e ainda que em estado lúcido ame sua mulher e filhos, quando lhe comete a ânsia de bebida não vacilará em gastar em vinho o dinheiro que deveria empregar em manter a família, porque se desvanecem o afeto e a noção de responsabilidade.

EFEITOS DO TABACO

A segunda classe de deterioração da tela etérica é muito freqüente nos escravos do tabaco, que vemos persistirem em seu vício ainda que saibam perfeitamente que incomodam os não-fumantes. Prova do estropiamento da tela temos no fato de ser o único vício em que um cavalheiro persiste apesar de perceber o desgosto que causa aos demais. Vê-se claramente que neste caso se embotaram os sentimentos delicados. De tal modo este nocivo hábito escraviza os que o adquirem, que são incapazes de vencê-lo e se esquecem de todo instinto de cavalheirismo por seu tão insensato e horrível egoísmo.

Os perniciosos efeitos do tabaco são evidentes nos corpos físico, astral e mental, e saturam o homem de partículas sumamente impuras, cujas emanações são tão grosseiramente materiais que ferem o olfato alheio.

Astralmente, não só o tabaco introduz impureza, como amortece muitas vibrações e por esta razão sói dizer-se que "acalma os nervos". Mas o progresso no ocultismo não requer que se amorteçam as vibrações nem que se carregue o corpo astral de partículas nauseabundas e venenosas. Pelo contrário, necessitamos de responder instantaneamente a toda possível longitude de ondas e ao mesmo tempo dominar-nos tão completamente que nossos desejos sejam como cavalos dirigidos pela razão, levando-nos aonde quisermos e não arrastando-nos em seu desenfreamento como o faz o pernicioso hábito do tabaco, que nos coloca em situações onde a natureza superior compreende que jamais deveríamos achar-nos. Seus resultados depois da morte são também dos mais desastrosos, porque determinam uma espécie de ossificação ou paralisia do corpo astral, de modo que durante longo tempo, por semanas e ainda meses, o homem permanece desamparado, tolhido, quase inconsciente e como que preso a uma masmorra sem poder comunicar-se com ninguém e incapaz de receber, portanto, as influências superiores. Vale a pena sofrer todas estas aflições por uma pitada de fumo? O tabaco é muito pernicioso e deve cuidadosamente ser evitado por quem verdadeiramente anele disciplinar seus veículos e adiantar-se na Senda de Santidade. Segundo dissemos, as vibrações só podem passar de um plano a outro pelos subplanos atômicos; mas quando pelo uso do tabaco se diminui a potência responsiva, esta diminuição ou amortecimento também afeta o segundo e o terceiro subplanos. Neste caso, a comunicação entre o astral e o físico por intermédio do duplo etérico só poderá efetuar-se pelos subplanos inferiores de cada plano, onde formigam as sinistras e malignas influências cujas grosseiras e violentas vibrações excitam a resposta.

ABERTURA DAS PORTAS

Conquanto a natureza tome esquisitas precauções para resguardar os chakras, não é seu propósito que permaneçam sempre rigidamente fechados. Há um processo normal de abri-los. Talvez fosse mais próprio dizer que a natureza não se propõe abrir os chakras mais do que o estão, senão que o homem deve aperfeiçoar-se de modo que lhes aumente até a plenitude a sua atividade.

A consciência do homem comum não é ainda capaz de utilizar a matéria atômica do corpo físico nem a do astral, e portanto, em circunstâncias normais não pode estabelecer comunicação voluntária entre os dois planos. O único meio de consegui-lo é purificar ambos os veículos até que se lhes vitalize a matéria atômica, de modo que todas as comunicações entre um e outro sigam seu caminho obrigatório. Em tal caso, a tela etérica se mantém no maior grau de posição e atividade, e em conseqüência já não representa um obstáculo para a intercomunicação, e contudo impede o contato entre os subplanos inferiores, que daria passagem a todo o gênero de sinistras influências.

Por este motivo aconselhamos sempre a todos os estudantes de ocultismo e a todos em geral, que esperem as faculdades psíquicas se atualizarem em seu devido tempo, como uma conseqüência do aperfeiçoamento do caráter, pois segundo inferimos do estudo dos chakras, assim terá de suceder certamente. Tal é a evolução natural, o único meio seguro, que traz ao estudante todos os benefícios e lhe evita todos os perigos. Tal é a Senda que nossos Mestres trilharam no passado e é portanto a nossa Senda atual.

CAPÍTULO V

A LAYA-IOGA

OS LIVROS HINDUS

Transcorreram já cerca de vinte anos desde que escrevi a maior parte das informações que sobre os chakras contêm as páginas precedentes, e naquela ocasião era muito superficial o meu conhecimento da copiosa bibliografia que o idioma sânscrito possui sobre tal assunto. Contudo, desde aquela época se publicaram em inglês vários tratados importantes sobre os chakras; entre eles *The Serpent Power*, tradução do *Shatchakra Nirupana*, por Arthur Avalon; *Thirty Minor Upanishads*, traduzido por K. Narayanaswami Aiyar; e o *Shiva Samhita*, traduzido por Sri Chandra Vidyarnava. Estas obras tratam extensamente dos chakras, mas há muitas outras obras que incidentalmente se referem ao mesmo assunto.

O livro de Avalon está ilustrado com uma excelente série de gravuras coloridas de todos os chakras, na forma simbólica em que sempre os representam os iogues hindus.

Este aspecto da ciência hindu é dia a dia mais conhecido no Ocidente; em atenção ao leitor, esboçarei um dados sobre esse particular.

SÉRIE HINDU DOS CHAKRAS

Os chakras mencionados nos citados livros sânscritos são os mesmos aqui expostos, com exceção do esplênico, substituído pelo *swadhisthana*. Diferem ligeiramente no número de pétalas, mas no conjunto coincidem com os de nossa série, ainda que por algum motivo não incluam o chakra coronário ao que chamam o *sahasrara padma*, ou lótus de mil pétalas, limitando a seis os chakras propriamente ditos. Os autores hindus também observaram e devidamente descreveram o chakra de doze pétalas no interior do coronário. Ao sexto chakra atribuem duas pétalas em vez de noventa e seis, mas sem dúvida se referem às duas metades do disco desse chakra, mencionadas no capítulo primeiro.

As discrepâncias quanto ao número de pétalas não têm importância. Por exemplo, o *Ioga Kundali Upanichade* conta dezesseis pétalas no chakra cardíaco, em vez de doze; e o *Dhyanabindu Upanichade* e o *Sandilya Upanichade* atribuem doze pétalas, não dez, ao chakra umbilical.

Alguns tratados hindus referem-se a outro chakra situado debaixo do coração e a vários outros entre o frontal e o coronário, todos eles importantíssimos. O *Dhyanabindu Upanichade* diz que o chakra cardíaco tem oito pétalas, mas ao descrever o uso deste chakra na meditação, dá a entender, como mais adiante veremos, que se refere ao chakra cardíaco secundário já mencionado.

Quando à cor das pétalas, há também alguma discrepância, como se infere da tabela seguinte traçada por comparação das cores por nós observadas com as descritas nalguns dos principais livros hindus.

Não são de estranhar estas diferenças, porque indubitavelmente os chakras variam segundo os povos e raças, assim como também variam as faculdades dos observadores. O exposto no capítulo primeiro é o resultado de cuidadosa observação por parte de alguns estudantes ocidentais que tomaram escrupulosas precauções para cotejar notas e comprovar as respectivas observações.

Chakra	Nossas observações	Schatchakra Nirupana	Siva Samhita	Garuda Purana
1	Laranja-avermelhado vivo	Vermelho	Vermelho	
2	Brilho do sol	Vermelhão	Vermelhão	Brilho do sol
3	Vários matizes vermelhos e verdes	Azul	Dourado	Vermelho
4	Dourado	Vermelhão	Vermelho-escuro	Dourado
5	Azul-prateado	Purpúreo-escuro	Ouro brilhante	Prateado
6	Amarelo e purpúreo	Branco	Branco	Vermelho

TABELA 5 — CORES DAS PÉTALAS

Os desenhos traçados pelos iogues hindus para uso de seus discípulos são sempre simbólicos, e não guardam relação com o efetivo aspecto do chakra, exceto a indicação da cor e o número de pétalas.

No centro de cada um dos citados desenhos há uma forma geométrica, uma letra do alfabeto sânscrito, um animal, e duas divindades, uma masculina e outra feminina. Reproduzimos o desenho do chakra cardíaco (figura 10), tomado de *The Serpent Power*, de Arthur Avalon, e procuraremos explicar o significado dos símbolos.

AS FIGURAS DOS CHAKRAS

O objetivo da Laya-Ioga ou Ioga Kundalini é o mesmo que o das demais modalidades de Ioga, ou seja, a união da alma com Deus, e para isso são necessárias três espécies de esforços: de amor, de pensamento e de ação. Ainda que em determinada escola de Ioga, como nos ensinamentos dos sutras, prevaleça o esforço da vontade, e nas instruções de Krishna e Arjuna no *Bhagavad Gita*([1]) predomine o amor, sempre se ensina que os esforços têm de ser feitos nas três direções assinaladas de amor, pensamento e ação.

Assim Patanjali propõe que o candidato comece por um curso de *tapas* ou esforços de purificação, um *Swadhyava* ou estudo das coisas espirituais e a *Ishwara pranidhana* ou devoção a Deus em todo o tempo.

Analogamente, Sri Krishna, depois de manifestar a seu discípulo que a sabedoria é o mais valioso instrumento de serviço, a maior oferenda que o homem pode fazer, acrescenta que a sabedoria só pode ser adquirida por devoção, pesquisa e trabalho, terminando sua prática com estas palavras significativas: "Os sábios, os videntes da verdade, te ensinarão Sabedoria."

Em *Aos Pés do Mestre*, moderníssimo epítome dos ensinamentos orientais, aparece a mesma triplicidade, porque as qualidades são: discernimento, boa conduta e amor a Deus, ao Mestre e aos homens.

Para compreender os desenhos dos chakras traçados pelos iogues hindus, convém considerar que seu

---

(1) Traduzido para o português por Francisco Valdomiro Lorenz, Editora Pensamento, São Paulo.

objetivo era auxiliar o aspirante naquelas três direções de adiantamento. É necessário que conheça a constituição do mundo e do homem (o que agora chamamos Teosofia) e que aumente sua devoção por meio do culto interno à Divindade enquanto se esforça por atualizar os graus superiores do *kundalini* e conduzi-la([1]) a circular pelos chakras.

Com estes objetivos em vista, achamos em cada chakra símbolos relacionados com a sabedoria e a devoção, sem que seja necessário considerá-los como parte integrante do chakra.

Nos serviços da Igreja católica liberal que são práticas de Ioga coletiva, temos no Ocidente um exemplo do mesmo, pois também mediante a magia dos ritos procuramos fomentar a devoção e infundir conhecimento espiritual. Também deve-se levar em consideração que naqueles remotos tempos os iogues, nômades ou residentes no ermo, tinham poucos recursos para escrever nas folhas de palma com que se faziam os livros, e portanto, necessitavam da ajuda mnemotécnica dos símbolos. Às vezes permaneciam sentados aos pés de seus instrutores, e dèpois podiam recordar e recapitular os ensinamentos aprendidos naquelas horas, com o auxílio das notas que lhes proporcionavam os desenhos.

O CHAKRA CARDÍACO

Como seria dificílimo explicar por completo a simbologia de todos os chakras, basta assinalar o significado provável dos símbolos do chakra cardíaco, ou

---

(1) Os iogues falam sempre desta energia no feminino, como se fosse uma deusa.

anahata em sânscrito, representado na figura 10. Uma das maiores dificuldades com que para isso deparamos é a diversidade de interpretações de cada símbolo, e o fato de os yogues hindus se oporem a responder a perguntas do investigador, e recusarem-se absolutamente a comunicar seus conhecimentos quando não seja um discípulo aceito, que se entregue por completo à obra da Laya-Ioga, ou durante toda a sua vida, ou até alcançar o seu propósito.

O *anahata* ou chakra cardíaco está descrito nos versículos 22 a 27 do *Shatchakra Nirupana*. Extraímos da tradução de Avalon os parágrafos seguintes:

> O lótus do coração é de cor da flor *banadhuka* e em suas doze pétalas estão as letras *ka* e *tha* com *Bindu* sobre elas de cor de vermelho. No pericárpio está o hexagonal *vayu mandala* de cor enfumaçada, e em cima o *suryva mandala* com o *trikona* que reluz como se tivesse dez milhões de fulgores de raio em seu interior. Sobre ele está o *vayu bija*, de cor de fumo, sentado num antílope negro, com quatro braços e empunhando o acicate (*angkusha*). No regaço do *vayu bija* está *Isha*, o de três olhos. Como *Hangsa* (*Hangsabha*), estende os braços em gesto de outorgar dons e desvanecer o temor. No pericárpio destes e Lótus, e sentada num lótus vermelho está o *shakti Kakini*. Tem quatro braços e usa o laço corrediço (*pasha*), a caveira (*kapala*) e faz os sinais de outorgar dons e desvanecer o temor. É de cor dourada, com vestimentas amarelas, adornadas com toda classe de jóias e uma grinalda de ossos. Seu coração está suavizado com néctar. Em meio do *trikona* está Siva em figura de *Vana-Lingga*, com a meia-lua e *Bindu* em sua cabeça. É de cor de ouro. Seu olhar é jubiloso e denota desejo impetuoso. Debaixo dele está o *Hangsa* semelhante a um *Jivatma*. É como a tranqüila chama de uma lâmpada. Debaixo do pericárpio deste Lótus está o lótus vermelho de oito pétalas com a cabeça voltada para

Fig. 10 — Diagrama hindu do chakra cardíaco

cima. Neste lótus vermelho está a árvore *Kalpa*, o altar enfeitado com jóias, coberto com toldo e adornado com bandeiras. É o lugar do culto mental.

AS PÉTALAS E AS LETRAS

Como vimos, as pétalas destes lótus ou chakras estão constituídas pela energia primária que os raios do chakra infundem no corpo. O número de pétalas está determinado pelo de potências pertences à energia que, como já dissemos, passa pelo respectivo chakra.

No caso do chakra cardíaco temos doze pétalas, e as letras nelas estampadas simbolizam certamente uma modalidade de potência criadora ou energia vital que penetra no corpo. As letras mencionadas em nosso caso são do *ka* ao *tha*, tomadas na ordem regular do

16 VOGAIS									
a	â	i	ï	u	ü	ri	rï	Iri	Iri
e	aí	o	au	m	h				

33 CONSOANTES					
Guturais	k	kh	g	gh	n
Palatais	ch	chh	j	dh	n
Cerebrais	t	th	d	jh	n
Dentais	t	th	d	dh	n
Labiais	p	ph	b	bh	m
Semivogais	y	r	l	w	
Sibilantes	sh	sh	s		
Aspiradas	h				

TABELA 6 — ALFABETO SÂNSCRITO

alfabeto sânscrito, de natureza sumamente científica e sem nada que se lhe iguale nos idiomas ocidentais. Suas quarenta e nove letras se ordenam na disposição indicada na Tabela 6, com acréscimo da letra *ksha* para completar as cinqüenta requeridas pelo conjunto de pétalas dos seis chakras.

No concernente à Ioga, considera-se o alfabeto sânscrito como se incluísse a soma total de sons da voz humana e fosse do ponto de vista da linguagem a espraiada manifestação material da Palavra criadora.

Da mesma maneira que a palavra sagrada Aum([1]), o alfabeto sânscrito simboliza todas as palavras criadoras, e portanto, um conjunto de potências, assinaladas na ordem seguinte: as dezesseis vogais ao chakra laríngeo; do *ka* ao *tha* ao cardíaco; do *da* ao *pha* ao umbilical; do *ba* ao *la* ao esplênico; e do *va* ao *sa* ao fundamental. O *ka* e *ksha* se atribuem ao chakra *ajna*, e o *sahasrara* ou coronário se considera como contendo vinte vezes, repetidas em conjunto, todas as letras do alfabeto sânscrito.

Não se vê a razão de se atribuírem a cada chakra as letras mencionadas, ainda que, à medida que ascendemos na ordem dos chakras, se nota maior número de potencialidades na energia primária. É possível que os fundadores do sistema da Laya-Ioga conhecessem em pormenor essas potencialidades e empregassem as letras de seu alfabeto para designá-las, assim como nós empregamos as do nosso para assinalar os ângulos das figuras em geometria, as quantidades em álgebra ou as emissões do rádio em química.

---

(1) O som desta palavra começa com o *a* no fundo da boca, segue pelo meio com *u* e termina nos lábios com o *m*.

A meditação sobre estas letras sânscritas influi evidentemente no alcance do "som interno que apaga o externo", como em adequado simbolismo diz *A Voz do Silêncio*.

A meditação científica dos hindus começa concentrando-se sobre um objeto representado, ou sobre um som, e quando o iogue consegue fixar a mente no objeto ou som, passa a indagar o seu significado espiritual. Assim, para meditar sobre um Mestre, representa primeiro sua forma física e depois se esforça por sentir as emoções do Mestre e compreender os seus pensamentos até que, se em seus esforços persevera, consegue identificar-se psiquicamente com ele.

No concernente aos sons, o iogue procura transcender o som, tal como o conhecemos e expressamos, até sua íntima qualidade e potência, o que lhe serve de auxílio para transportar sua consciência de um plano para outro. Importa pensar que Deus criou os planos recitando o alfabeto sânscrito e que nossa linguagem falada é sua ínfima modulação. Na Laya--Ioga o aspirante se esforça por remontar a senda através de uma absorção interna e aproximar-se da Divindade. Em *Luz no Caminho*[1] se nos exorta a escutar o canto da vida para lhe perceber as tonalidades ocultas.

OS MANDALAS

O *mandala* hexagonal, ou "círculo", que ocupa o pericárdio do lótus do coração, simboliza o elemento

---

(1) Mabel Collins, *Luz no Caminho*, Editora Pensamento S.A., 1952, São Paulo.

ar. Considera-se que cada chakra está especialmente relacionado com um dos elementos terra, água ar, fogo, éter e mente, que não são elementos químicos, senão que simbolizam estados de matéria e equivalem respectivamente a sólido, líquido, gasoso, etérico, astral e mental. Também podem simbolizar os planos físicos, astral, mental, causal etc. Esses elementos estão representados por certos *yantras* ou diagramas de caráter simbólico, que se indicam como segue (Tabela 7) no *Shatchakra Nirupana* e aparecem no interior do pericárdio do lótus (figura 10).

Às vezes substitui-se o amarelo pelo alaranjado-vermelho, o azul pelo esfumaçado, e o branco pelo negro no quinto chakra, embora advertindo que o negro equivale ao anil.

Ao leitor ocidental parecerá estranho que a mente figure entre os elementos, mas não o estranhará o hindu,

CHAKRA	ELEMENTO	FORMA	COR
1	Terra	Quadrado	Amarelo
2	Água	Meia lua	Branco
3	Fogo	Triângulo	Vermelho-vivo
4	Ar	Dois triângulos enlaçados em hexágono	Esfumaçado
5	Éter	Círculo	Branco
6	Mente		Branco

TABELA 7 — FORMAS SIMBÓLICAS DOS ELEMENTOS

para quem a mente é um instrumento da consciência. O hindu considera as coisas de um ponto de vista tão alto, que parece situar-se no plano monádico. Por exemplo, na sétima estância do *Bhagavad Gita* diz Sri Krishna: "Terra, água, fogo, ar, éter, mente, discernimento e egoência, eis a óctupla divisão de Minha natureza." E mais adiante acrescenta: "Esta é Minha natureza inferior."

Os referidos elementos estão associados à idéia dos planos, como já dissemos; mas não parece que os chakras tenham relação com eles, ainda que, seguramente, quando o iogue medita sobre estes elementos e seus símbolos correlativos em cada chakra, recordará o esquema dos planos.

Essa meditação também pode servir ao iogue para elevar o seu centro de consciência através dos subplanos do plano em que atua, até o sétimo plano e por meio deste a outro superior.

Completamente à parte da possibilidade de nos transportarmos em plena consciência a um plano superior, temos na meditação o meio de enaltecer a consciência de modo a que receba e perceba a influência de um mundo superior, simbolizada indubitavelmente no "néctar" de que fala o livro e do qual diremos algo mais ao tratar da atualização do *kundalini* no centro superior.

OS YANTRAS[1]

Na obra *As Forças Sutis da Natureza* o *pandit* Rama Prasad nos oferece um consciencioso estudo das razões das formas geométricas dos *yantras*. São dema-

---

(1) Discos giratórios. (N. do T.)

siado extensas as explicações para serem aqui reproduzidas, mas resumiremos suas idéias capitais.

Diz ele que, assim como existe um éter luminoso que transmite a luz aos olhos, assim há uma modalidade especial de éter para o olfato, paladar, ouvido e tato. Estes sentidos estão relacionados com os elementos que simbolizam os *yantras*: o olfato com elemento sólido (quadrado); o paladar com o líquido (meia lua); a vista com o gasoso (triângulo); o tato com o aéreo (hexágono); o ouvido com o etérico (círculo). Acrescenta Rama Prasad que o som se propaga em círculo, ou seja, em radiações circulares, e daí o círculo do quinto chakra. Afirma que a luz se propaga em forma de triângulo, porque um ponto dado na onda luminosa se move um pouco para frente e também em sentido normal à sua direção, de modo que uma vez efetuado, seu movimento descreveu um triângulo, o que explica o triângulo no terceiro chakra. Diz igualmente que há um movimento distinto do éter para as vibrações do paladar, olfato e tato, e explica o porquê das formas correspondentes a estes sentidos nos respectivos chakras.

OS ANIMAIS

O antílope, por seu alípede, é um símbolo apropriado do ar; e o *bija* ou semente *mântrica*([1]) é *Yam*([2]). O til sobre a letra representa este som, e no til adora-se a divindade deste chakra: a Ilha de três olhos.

Outros animais são o elefante, símbolo da terra em razão de sua corpulência e do éter quanto à sua

---

(1) Som em que se manifesta a potestade governante do ar.
(2) Pronuncia-se esta palavra anasalando-se a consoante *m*.

força de resistência; o crocodilo que simboliza a água. no segundo chakra; e o carneiro (evidentemente considerado como animal agressivo) no terceiro chakra. Para certos propósitos, o iogue pode-se imaginar sentado sobre estes animais e exercitar a faculdade simbolizada por suas qualidades.

AS DIVINDADES

Num destes *mantras* há uma formosa idéia que podemos explicar com referência à palavra sagrada Aum, que consta de quatro partes: *a u m* e o *ardhamatra*. Sobre esse particular diz A *Voz do Silêncio*:

> Então não podem repousar entre as asas da Grande Ave. Sim; doce é descansar entre as asas do que não nasce nem morre, mas é o *Aum* pelos séculos eternos.

E a Senhora Blavatsky, num rodapé da mesma passagem, anota o seguinte sobre a Grande Ave:

> *Kala Hamsa*, o cisne. Diz o *Nadavindupanichade* (o Rig-Veda) traduzido por Kumbakonam: "A sílaba *A* simboliza a asa direita do cisne; a *Um*, a asa esquerda; a *M*, a cauda, e o *ardhamatra*, a cabeça".

O iogue, depois de chegar em sua meditação à terceira sílaba, passa à quarta, ou seja, ao silêncio subseguinte. E neste silêncio pensa na divindade.

As divindades atribuídas a cada chakra variam segundo o livro. Por exemplo, o *Shatchakra Nirupana* coloca Brama, Vishnu e Siva no primeiro, segundo e terceiro chakras respectivamente, com diversos aspectos de Siva mais além deles, enquanto que o *Siva Samhila* e algumas outras obras colocam *Ganesha* (o filho de Siva com cabeça de elefante) no primeiro chakra, Brama no segundo e Vishnu no terceiro. Evidentemente estas diferenças derivam da seita a que pertence o adorante.

Junto com *Isha* temos no chakra do coração outra Divindade, *Shakti Kakini*. A palavra *shakti* significa energia, e assim se chama *shakti* da mente à energia mental. Em cada um dos seis chakras há uma Divindade feminina na ordem seguinte: *Dakini, Rakini, Lakini, Kakini* e *Hakini,* que alguns autores identificam com as potestades dos vários *dhatus* ou substâncias corporais. No chakra que consideramos está *Kakini* sentada num lótus vermelho. Diz-se que tem quatro braços, símbolos de quatro faculdades ou funções. Com duas de suas mãos faz gestos de outorgar dons e desvanecer temores de forma análoga a Isha. Com as outras duas mãos sustém um laço corrediço, símbolo variado da cruz *ankh*, e uma caveira, representação indubitável do vencimento e morte da natureza inferior.

Às vezes, as meditações usualmente prescritas para estes chakras têm por objetivo todo o corpo, segundo se infere do seguinte extrato do upanichade Yogatattwa:

Há cinco elementos: terra, água, fogo, ar e éter. No corpo há uma quíntupla concentração dos cinco elementos. A região da terra abrange desde os pés até os joelhos. É de forma quadrada, de cor amarela e tem a letra *la.* Deve-se meditar sobre esta região aspirando com a letra *la* ao longo da região dos pés até os joelhos, e contemplando o quadrifaceado Brama cor de ouro.

A região da água estende-se dos joelhos ao ânus. Tem forma de meia lua, é de cor branca, e sua semente é *va.* Aspirando com a letra *va* ao longo da região da água, deve-se meditar no deus *Narayana*, que tem quatro braços, cabeça coroada, é de cor de puro cristal, está vestido com roupas de cor alaranjada e não decai...

A região do fogo está compreendida entre o ânus e o coração. É de forma triangular, de cor vermelha, e tem por semente a letra *ra*. Retendo alento com a letra *ra* que o faz esplandecer, ao longo da região do fogo, deve-se meditar em *Rudra*, que tem três olhos, concede tudo que se deseja, é de cor do sol meridiano, está todo tisnado de sagradas cinzas e possui aspecto agradável...

A região do ar está compreendida entre o coração e o ponto entre as sobrancelhas. É hexagonal, de cor preta, e brilha com a letra *ya*. Levando o aleno ao longo da região do ar, deve-se meditar em Ishwara, o onisciente, de rosto voltado para todos os lados...

A região do fogo está compreendida entre o ânus e as celhas até o alto da cabeça. É circular, de cor esfumaçada e brilha com a letra *ha*. Levantando o aleno ao longo da região do éter deve-se meditar em *Sudashiva*, considerando-o nos seguintes aspectos: produtor de felicidade; em forma de gota; o Deva supremo; em forma de éter; brilhante qual puro cristal; com a meia lua sobre a cabeça; cinco rostos, dez cabeças e três olhos; atitude pacífica; armado de todas as armas; engalanado com toda classe de ornamento; com a deusa *Uma* numa metade de seu corpo; disposto a outorgar favores; e causa de todas as causas.

Isto confirma até certo ponto nossa opinião de que nalguns casos os princípios sobre os quais se nos exorta a meditar se aplicam às partes do corpo com objetivo exclusivamente mnemotécnico e não com deliberada intenção de influir naquelas partes.

OS NÓS

No centro do lótus do coração ou chakra cardíaco está desenhado um *trikona* ou triângulo invertido.

Não é ele uma característica de todos os chakras, mas tão-somente do fundamental, do cardíaco e do frontal, nos quais há três nós especiais ou *granthis* através dos quais o *kundalini* tem de abrir passagem.

Ao primeiro nó se costuma chamar o nó de Brama; ao segundo o de Vishnu; ao terceiro o de Siva. Este simbolismo parece significar que a penetração destes chakras requer uma especial mudança de estado, possivelmente da personalidade ao ego e do ego à mônada, as regiões em que podemos afirmar que governam os citados Aspectos do Supremo. Contudo, também pode se considerar esta verdade dum modo secundário ou subalterno, porque temos observado que o chakra cardíaco recebe impressões da parte superior do corpo astral, o chakra laríngeo, do mental e assim sucessivamente. Em cada triângulo a deidade está representada como um *linga* ou instrumento de união. O *Jivatma* (literalmente "ser vivente" dirigido para cima "como a chama de uma lâmpada") é o ego, assim representado provavelmente porque os acidentes da vida material não o afetam como à personalidade.

O LÓTUS SECUNDÁRIO DO CORAÇÃO

O segundo lótus, representado imediatamente abaixo do maior, é também uma característica especial deste chakra. Utiliza-se como lugar de meditação com a forma do instrutor ou do aspecto da Divindade que o adorador invoca ou se lhe assinala como objeto de meditação. Aqui o devoto imagina uma ilha de pedras preciosas, com formosas árvores e um altar para adoração segundo o *Gheranda Samhita* descreve nos seguintes termos:

Que o devoto imagine haver um mar de néctar em seu coração; que no meio deste mar há uma ilha de pedras preciosas, com pó de diamantes e rubis por areia; que por toda parte medram *kadambas* carregados de flores perfumadas; que junto destas árvores, à maneira de baluarte, há outras em flor, tais como o *malati, mallika, jati, kesara, champaka, parjada* e *padma,* cuja fragrância se difunde por todos os âmbitos da ilha.

O iogue deve imaginar que em meio deste jardim se ergue uma formosa árvore *kalpa* com quatro ramos repletos de flores e frutas que simbolizam os quatro Vedas. Zumbem os insetos e canta o cuco. Imagine o iogue junto da árvore uma suntuosa *tarina* de pedras preciosas e sobre a *tarima* um riquíssimo trono coalhado de jóias, e que neste trono se senta sua particular Deidade, segundo lhe ensinou o seu instrutor. Que medite de forma apropriada nos ornamentos e veículos desta Deidade.

O adorador imagina esta formosa cena tão vividamente, que se arrouba em seu pensamento e se esquece, entretanto, por completo, do mundo exterior. Contudo, o processo não é estritamente imaginativo, porque é também um meio de se por constantemente em contato com o Mestre. Assim como as imagens pessoais que o ego forja no mundo celeste são vitalizadas pelos egos das personalidades imaginadas, assim o Mestre enche com Sua presença real a pira e às vezes o instrui.

Interessante exemplo disso nos ofereceu um cavalheiro hindu, que vivia como iogue num povoado da presidência de Madras, e assegurava que era discípulo do Mestre Moria. Ao viajar este pela Índia há cerca de quarenta e cinco anos, passou pelo povoado onde vivia aquele indivíduo, o qual, com efeito, chegou a ser seu discípulo, e dizia que não se havia separado de seu Mestre depois da despedida pessoal, porque este lhe aparecia freqüentemente para instruí-lo por meio de um centro de energia residente em seu interior.

Os hindus dão muita importância à necessidade de se ter um instrutor, a quem reverenciam grandemente desde o momento em que o encontram, e repetem sem cessar que é mister considerá-lo como a um deus.

O upanichade Tejobindu diz a esse respeito que "o extremo limite de todos os pensamentos é o Instrutor". Afirmam os hindus que ainda que o discípulo pensasse nas gloriosas qualidades do divino Ser, sua imaginação pousaria nas perfeições do Mestre.

Aqueles dentre nós que conhecem os Mestres se apercebem da verdade de semelhante afirmação, pois seus discípulos acham neles esplêndidas e gloriosas alturas de consciências, mais além de toda expectativa. Não é que considerem o Mestre igual a Deus, senão que o grau de divindade alcançado pelo Mestre supera tudo o que os discípulos suspeitam.

EFEITOS DA MEDITAÇÃO

O *Siva* Samhita descreve como segue os benefícios que obtém o iogue pela meditação no chakra cardíaco:

O iogue adquire imensos conhecimentos, conhece o passado, o presente e o futuro, tem clariaudiência e clarividência e pode subir aos ares aonde lhe apraza. Vê os adeptos e as deusas iogues; obtém a faculdade chamada *khechari* e vence as criaturas que se movem no ar.

Quem medita diariamente no oculto *Banalinga*, indubitavelmente obtém as faculdades psíquicas chamadas *khechari* (mover-

-se pelos ares) e *bhuchari* (ir à vontade por todos os âmbitos do mundo).

Estas poéticas descrições das diversas qualidades dispensam comentário, porque o estudante as saberá ler nas entrelinhas. Contudo, também podem ser tomadas em sentido literal algumas dessas afirmações, porque realmente denotam misteriosas faculdades, prodígios tais como andar indene pelo fogo, a habilidade hipnótica e outras semelhantes, que efetuam os autênticos iogues da Índia.

O KUNDALINI

Os iogues hindus, que escreveram livros chegados até nós, não se interessaram pelas características fisiológicas e anatômicas do corpo, senão que se imergiram em profunda meditação e atualizaram o *kundalini* com o propósito de enaltecer sua consciência ou de se elevarem aos planos superiores. Tal pode ser a razão pela qual os tratados sânscritos nada ou mui pouco digam acerca dos chakras etéricos, mas apenas falem, e muito, dos chakras da espinha dorsal e da passagem de *kundalini* por eles.

Descrevem esta energia como uma devi ou deusa, refulgente como raio, que dorme no chakra fundamental, enroscada como uma serpente em três voltas e meia em torno do *linga swayambhu*, e impedindo com a sua cabeça a entrada do *sushumna*. Os livros nada dizem a respeito de se a camada externa da energia está ativa em todos os homens, ainda que tal se infira implicitamente da frase que diz: "mesmo enquanto dorme, mantém todo ser vivente", e é chamada o *Shabda Brama* no corpo humano. *Shabda* significa palavra ou som; portanto, temos aqui uma referência ou alusão simbólica à energia peculiar do terceiro aspecto do Logos.

Diz-se que no processo da criação este som teve quatro etapas. Provavelmente não erraríamos ao associar esta idéia com o nosso conceito ocidental, dos três princípios: corpo, mente e espírito, e um quarto que seria a união com Deus.

ATUALIZAÇÃO DO KUNDALINI

A finalidade dos iogues é atualizar o aspecto latente de *kundalini* e impelir gradualmente esta energia pelo canal *sushumna*. Para isso prescrevem vários métodos, entre eles o esforço da vontade, maneira de respirar, *mantras* e várias atitudes e movimentos. O *Siva Samhita* descreve dez métodos, que qualifica dos melhores para este propósito, alguns dos quais compreendem simultaneamente todos os ditos esforços.

Ao tratar da eficácia de um de tais métodos, descreve Avalon como segue a atualização das camadas internas ou aspectos superiores de *kundalini*:

> Então se torna fortíssimo o calor do corpo, e ao notá-lo, o *kundalini* desperta de seu sono, como serpente que silva e se ergue ao sentir a pancada de um bastão. Depois entra em *sushumna*.

Diz-se que nalguns casos *kundalini* tem sido despertado, não só pela vontade, mas também por um acidente ou por pressão material. Não há muito me disse um de nossos conferencistas teósofos que havia presenciado um caso dessa índole quando viajava para o Canadá. Uma senhora, que nada sabia destas coisas, caiu pela escada do porão de sua casa. Esteve por momentos desacordada, e ao voltar a si era clarividente, capaz de ler o pensamento alheio e de ver o que sucedia em todos os aposentos da casa, e não perdeu essa faculdade. Depreende-se que, neste caso, ao cair, a senhora recebeu na base da coluna vertebral uma pancada cujo estremecimento despertou o *kundalini*, e também teria posto em atividade outro chakra se nele houvesse recebido a pancada.

Às vezes os livros sânscritos recomendam a meditação nos chakras sem o prévio despertar do *kundalini*, segundo se nota nos seguintes versículos do *purana Garuda*:

Muladhara, Swadhishtana, Manipuraka, Anahatam, Visuaddhi e *Ajna* são os seis chakras.

É preciso meditar respectivamente nos chakras sobre *Ganesa, Vidhi (Brama), Vishnu, Siva, Jiva, Guru* e *Parambrama*, que tudo penetra.

Depois de adorar mentalmente em todos os chakras, com fixidez invariável, deve o devoto repetir o *ajapa-gayatri* segundo as instruções do Mestre.

Tem de meditar no *randhra*, com o lótus de mil pétalas invertido, sobre o bem-aventurado Instrutor, que mora no *Hamsa* e cuja lótica o livra de temor. O devoto tem de considerar o seu corpo como se estivesse banhado na veia de néctar que flui dos pés do Mestre. Depois de adorar da quíntupla maneira tem de prostar-se e cantar os louvores do Mestre.

Depois meditará sobre *kundalini*, imaginando-o como se movesse para cima e para baixo, e circulasse pelos seis chakras, colocado em três e meia espirais.

Finalmente deve meditar sobre *sushumna* que sai do *randhra*, e deste modo chegará ao estado supremo de Vishnu.

O OBJETIVO DO KUNDALINI

Os livros insinuam, mais do que explicam, o que sucede ao subir o *kundalini* pelo conduto medular. Chamam *nerudanda* à coluna vertebral, e dizem que é o cetro de *Meru*, "o eixo central da criação", embora caiba presumir se refiram à criação do corpo humano.

Acrescentam que no *nerudanda* há um canal chamado *sushumna*, e no interior deste, um outro denominado *vajrini*, e dentro deste terceiro, o *chitrini*, "tão delgado como a teia de aranha", no qual estão enfiados os chakras, "à maneira dos nós de uma vara de bambu".

Kundalini ascende lentamente por *chitrini*, à medida que o *iogue* emprega a sua vontade na meditação. No primeiro esforço não atingirá um ponto muito alto, mas no segundo subirá um pouco mais, e assim sucessivamente. Ao chegar a um chakra, atravessa-o e a corola do lótus que estava para baixo se volta para cima.

Terminada a meditação, retorna o *kundalini* pelo mesmo caminho ao seu assento no chakra fundamental, ou *maladahara*; mas nalguns casos não desce além do chakra cardíaco, onde se instala como em sua própria câmara.

Alguns livros assinalam o chakra umbilical como residência do *kundalini*; e conquanto nunca o tenhamos visto em semelhante lugar nas pessoas comuns, refere-se essa afirmação àqueles que, havendo atualizado o *kundalini*, tenham uma espécie de depósito desta energia no chakra umbilical.

Aduzem os livros sânscritos que ao passar o *kundalini* por uma chakra em seu curso ascendente, atualiza ou desperta de seu estado latente (daqui o termo *laya*) as funções psíquicas do chakra e o vitaliza muito extensamente. Mas como o seu objetivo é alcançar o ápice, continua ascendendo até que chega ao chakra coronário, ou lótus *sahasrara*, onde goza da beatífica união com seu senhor *Paramabhiva*; e ao retornar pelo seu caminho, devolve a cada chakra, muito intensificadas, as suas faculdades específicas.

Tudo isto supõe um processo de êxtase parcial pelo qual tem de passar quem medita profundamente, porque ao concentrarmos toda a nossa atenção num assunto elevado, cessamos de perceber tudo quanto ocorre ao nosso redor.

Diz Avalon que geralmente se necessita de anos inteiros, a partir do início das meditações, para impelir o *kundalini* até o *sahasrara*, ou chakra coronário, embora, em casos excepcionais, seja mais curto o tempo. A prática facilitará o processo, de modo que aquele que estiver muito bem treinado poderá fazer subir e descer o *kundalini* numa hora, se bem que o possa manter quanto tempo quiser no chakra coronário.

Dizem alguns autores que quando o *kundalini* sobe, esfria-se a parte do corpo que ele não atinge. Sem dúvida isso sucede nas práticas que suscitam o êxtase prolongado mas não pelo emprego habitual do *kundalini*. Na *Doutrina Secreta* cita Blavatsky o caso de um iogue que encontram na ilha adjacente a Calcutá, com as raízes das árvores enroscadas em seus membros, e que nos esforços feitos para despertá-lo e cortar as raízes, recebeu tantos danos que lhe ocasionaram a morte.

Também menciona Blavatsky outro caso de um iogue nas vizinhanças de Allahabad, que, com propósitos deliberados, esteve cinqüenta e três anos sentado numa pedra. Seus discípulos o banhavam no rio toda noite, e depois do banho recolocavam-no sobre a pedra. Durante o dia retornava, às vezes, sua consciência ao plano físico, e então instruía e ensinava.

O OBJETIVO DO KUNDALINI

Os últimos versículos de *Shatchakra Nirupana* descrevem com beleza o objetivo da atuação do *kundalini:*

A devi *Shuddha* atravessa os três lingas e depois de passar por todos os lótus do *nadi* de Brama, brilha neles na plenitude de seu fulgor. Depois volta ao seu estado sutil, brilhante como relâmpago e delicado como a fibra de lótus. Ascende até a flamígera Siva, a suprema bem-aventurança, e de súbito determina a felicidade da libertação.

A formosa *Kundalini* sorve o delicioso néctar vermelho que emana de *Para Siva,* e dali onde mora a eterna e transcendente felicidade em todo o seu esplendor, regressa pela senda de *kula* ao *muladhara.* O iogue que conseguiu fixidez mental, oferece ao *Ishta devata,* aos *Devata* dos seis chakras, a *Dakini* e outros, a corrente de néctar celestial que está no vaso de *Brahmanda,* cujo conhecimento adquiriu pela tradição dos Instrutores.

Se o iogue devoto de seu Instrutor, com imperturbado coraração e mente concentrada, lê este livro que, irrepreensível, puro e secretíssimo, é a fonte suprema da libertação, então certamente sua mente dançará aos pés do seu *Ishta-devata.*

CONCLUSÃO

Os hindus concordam conosco em que os resultados da Laya-Ioga também podem ser obtidos pelos demais métodos de Ioga. Nas sete escolas da Índia e entre os estudantes ocidentais, todos quantos a compreendem e entendem, anelam alcançar a meta suprema do esforço humano, que é aquela liberdade superior ainda à libertação. Porque não só inclui a união com Deus nos excelsos reinos além de toda manifestação terrena, senão, também, todas aquelas potências e faculdades que convertem o homem num *Adhikari Purusha*, um ministro ou operário a serviço da Divindade na obra de alçar os milhões de seres humanos sofredores para a glória e felicidade que a todos aguardam.

Aum, aim, klim, strim.

OS CHAKRAS
e os Campos de Energia Humanos

Dra. Shafica Karagulla e Dora van Gelder Kunz

Este livro fascinante assinala uma grande conquista na área da medicina e baseia-se na pesquisa de uma médica que, obedecendo à metodologia científica, trabalhou com uma clarividente para a obtenção de seus diagnósticos. Cada uma de suas conclusões tem como fundamento uma prova experimental tirada do perfil de pacientes nos quais o processo da doença se manifestou por meio de anomalias no campo energético humano e em seus correspondentes centros de força, os chakras.

Antes de começar a colaborar com a dra. Shafica Karagulla, a clarividente Dora van Gelder já havia examinado pacientes a pedido de seus médicos. Ela vê o corpo humano expressando-se através de um tríplice mecanismo: um campo etérico, ou de energia vital; um campo astral, ou de energia emocional; e um campo mental. Ela recebe uma constante interação entre esses campos de energia e os campos de energia do universo.

A chave para a compreensão da saúde e da doença repousa na natureza dinâmica da interação entre ambas, uma vez que a vida sempre se caracteriza por crescimento e transformação. Essa transformação pode nos levar ao negativismo, afetando nossa saúde e provocando doenças; mas podemos alterar esse padrão, substituindo-o pela auto-integração, pela saúde e pelo auto-aperfeiçoamento.

* * *

Dora van Gelder Kunz nasceu com excepcionais faculdades de clarividência que foram treinadas durante sua colaboração com outro clarividente célebre, C. W. Leadbeater, autor de *Os Chakras*. Essa sua capacidade de perceber o mundo oculto resultou em dois livros - *O Natal dos Anjos* e *O Mundo Real das Fadas*, este último publicado pela Editora Pensamento. A co-autora, Shafica Karagulla, médica e neuropsiquiatra, colaborou com Dora Kunz em várias de suas pesquisas.

EDITORA PENSAMENTO

CHAKRAS
Centros de Energia de Transformação

Harish Johari

Na antiga ciência do Tantra, o corpo humano é visto como o instrumento mais perfeito para a expressão da consciência, uma perfeição atingida por meio do desenvolvimento dos centros psíquicos conhecidos como chakras. Localizados dentro do sistema cerebroespinhal, os chakras são os centros onde ocorre a interação entre a consciência mais elevada e o desejo. É por meio da compreensão e utilização das energias dos chakras que, em última análise, podemos alcançar um estado iluminado de ser.

Em *Chakras – Centros de Energia de Transformação*, Harish Johari, erudito indiano e praticante do Tantra, introduz os princípios básicos dos chakras, bem como a sua aplicação prática nos dias de hoje. Nesta edição revisada e acrescida de ilustrações coloridas e em preto e branco, Johari revela os mistérios desses centros sutis de transformação com técnicas de visualização essenciais para uma prática tântrica plenamente realizada. Ele explica a conexão de cada chakra com cores, sons, órgãos dos sentidos e da ação, desejos, elementos, planetas e divindades, bem como as características comportamentais e efeitos da meditação nos chakras.

Meditar sobre as belas figuras coloridas de cada chakra revitaliza os centros cerebroespinhais e harmoniza todo o organismo, em termos físicos e psíquicos. Colorir as ilustrações em branco e preto, ajuda na visualização e a a reter na mente as imagens dos chakras levando a estados mais profundos de meditação. Estudiosos e aspirantes espirituais de todos os níveis vão considerar *Chakras – Centros de Energia de Transformação* uma valiosa e prática fonte de informação, repleta de técnicas para ativar esses centros de energia transformadora e elevar o conhecimento intelectual a uma experiência inestimável de crescimento interior.

EDITORA PENSAMENTO

TEORIA DOS CHAKRAS

Hiroshi Motoyama

O interesse dos ocidentais pelos chakras foi despertado, em grande parte, pelos trabalhos de Charles W. Leadbeater, cuja obra é analisada pormenorizadamente neste livro, junto com a de outros videntes e iogues de grande relevância.

Centros de energia que formam um elo entre o corpo físico e o corpo astral, os chakras são indispensáveis para a boa saúde física, emocional e mental das pessoas. Por meio de exercícios intensivos de ioga, explicados neste livro, o Dr. Hiroshi Motoyama conseguiu tomar plena consciência de seus chakras, cuja atividade hoje pode ser medida cientificamente graças a um aparelho de sua invenção, capaz de registrar as modificações no campo eletromagnético do corpo humano.

Formado pela Universidade de Tóquio, o Dr. Hiroshi Motoyama é Ph.D. em Filosofia e Psicologia Clínica. Seus esforços no campo da ciência resultaram na organização do Instituto de Psicologia Religiosa e na Associação Internacional de Religião é Parapsicologia, organização internacional cujos membros realizam pesquisas e estudos relacionados com essas áreas. Em reconhecimento pelos seus trabalhos, a UNESCO elegeu-o, em 1974, um dos dez parapsicólogos mais importantes do mundo. Ele também é reverenciado por diversas organizações científicas e serve como consultor em algumas associações e institutos de renome internacional.

EDITORA PENSAMENTO

O LIVRO DOS CHAKRAS, DA ENERGIA E DOS CORPOS SUTIS

Uma Nova Visão das Tradições Antigas e Modernas
sobre os Nossos Centros de Energia

John P. Miller

Este livro é um guia prático para a compreensão dos chakras e da sua energia pessoal. Seu objetivo? Permitir que você tome consciência dessas energias que percorrem seu corpo e abra seus chakras para acessar um nível de consciência superior. Ele é também uma síntese de inúmeras disciplinas e teorias, que abre portas para um estudo mais aprofundado de um ou de vários sistemas para quem deseja saber mais.

O Livro dos Chakras, da Energia e dos Corpos Sutis é como a chama de uma vela que se acende em sua alma, permitindo que você faça escolhas iluminadas e possa caminhar em direção à evolução completa de seu ser.

EDITORA PENSAMENTO

Impresso por :

gráfica e editora

Tel.:11 2769-9056